わが子に
「ヤバい」と言わせない
親の語彙力

中学受験指導スタジオキャンパス代表
矢野耕平

KADOKAWA

本書は、２０２３年７月時点の情報に基づいています。

はじめに

「ああ、こういう子は国語が苦手だよな……」

小学生を対象に授業をおこなっていて、思わずそう感じてしまう子どもたちの「質問」があります。一見、積極的に疑問を解決しようと講師に「質問する」姿勢自体は喜ばしいものに見えるかもしれませんが、そうではないのです。

この手の質問は、子どもたちが文章読解の素材文を黙読している際によく出てきます。

「先生、○○○○ということばってどういう意味ですか？」

これが固有名詞ならまだ分かります。しかし、そうではないのです。たとえば、「依存する」「抗《あらが》う」といった動詞、「うしろめたい」とか「やるせない」といった形容詞、「普遍性」とか「倫理」「葛藤」といった抽象名詞……。

そんなとき、わたしはこんなアドバイスをします。

「分からないことばが登場したからってその意味を安易に解決しようとしてはいけないよ。

だって、中学入試の本番に臨むとき、試験官にそんな質問はできないだろう。辞書だって持ち込めないよね。それなら、前後の文脈、あなたが理解できる部分に目を留めて、その語がどのような意味で用いられているのかをじっくり考えてみようよ」

そう言われた子はうんともすんともつかぬ返事をするものですが、次の授業のときには「先生、〇〇〇〇ということばってどういう意味？」と前回のアドバイスをすっかり忘れて同じ質問を繰り出してしまうこともよくあります。この点を改善するには指導者が粘り強くアドバイスを続け、ときには文章を読む作業を個別に手伝う必要があるのです。

そして、こういうタイプの子に限って、「ヤバい」とか「キモい」とか……そんな常套句《じょうとうく》をすぐに発する傾向にあるようにわたしは感じています。手持ちの語彙が不足しているのがおそらくその原因なのでしょう。

皆様、はじめまして。わたしは世田谷区と港区にある中学受験専門塾スタジオキャンパスで代表を務めている矢野耕平と申します。小学生たちに中学受験指導を始めてもうすぐ30年が経ちます。国語をメインに担当していて、スタジオキャンパスのほかに国語専科博《はく》耕房《こうぼう》という大学受験塾も開いています。また、塾経営と教科指導をしながら、社会人大学院生として博士後期課程に在学中で、言語学の研究、なかでも学齢児童の言語運用能力をテーマにしたものに取り組んでいます。

本書のタイトルは『わが子に「ヤバい」と言わせない　親の語彙力』です。本書を活用して、親（大人）からわが子へことばの面白さを引き継いでやってほしいと願っています。このタイトルにはそういう思いを込めました。ですから、本書の「第一ターゲット」とする読者は、親です。子ども向けの内容に仕上げていないのはそういう理由です。

実際の中学入試で出された問題にまずは親が取り組むことで、わが子に対することばのメンター、先生になってほしいと考えました。そのために、さまざまな言語分野のポイントの解説だけでなく、言語の奥深さを皆様が十分に味わえるよう複数のコラムも収録しています。

「国語」という教科に留まらず、子どもの「語彙力」が他教科にも多大な影響を及ぼすのは言うまでもありません。いや、教科学習面だけではありません。社会の中で人とコミュニケーションを構築するに足る程度の語彙を身につけているかどうかはとても大切になるのです。

親子で本書に「楽しく」取り組むことで、冒頭で挙げた「〇〇〇〇ということばってどういう意味ですか?」と軽佻浮薄《けいちょうふはく》に（軽はずみで浮ついていること。つまり、自分で考えるという工程を踏まずに）質問するような態度を改めることができるとわたしは確信しています。そして、手持ちのことばの数をぐんと増やすことは、これから子が大人へと成長するうえで「かけがえのない財産」になるに違いありません。

それでは、ページをめくって「序章」に進みましょう。序章では、昨今の中学入試の国語の特徴に触れたうえで、言語知識問題に取り組む意義について説明します。

目次

はじめに …… 3

序章　教養を身につける基礎としての「ことば」

中学入試の国語で出題される文章は「大人向け」 …… 14
子どもたちが新たなことばを獲得するとき …… 18
中学入試の知識問題を活用して語彙力増強を目指そう …… 20
知識問題は「言語知識」と「文法知識」に二分される …… 28
「ヤバい」の連呼で失われることばがある …… 30
親子で言語の世界を堪能しよう …… 31

第1章 何のために学ぶのか

THEME 1 四字熟語 丸暗記の卒業 …… 34
THEME 2 かなづかい・送りがな 信用度を左右する …… 42
THEME 3 故事成語 ストーリーに現れる本質の理解 …… 49
THEME 4 慣用表現① 具体的な場面への応用 …… 60
THEME 5 敬語 大人への第一歩、一生モノの語彙力 …… 68
column1 「お笑い芸人」はことばの魔術師。お笑いで言語スキルを磨こう …… 78

第2章 ことばを通して見える世界

THEME 6 ことわざ① ことわざと社会背景・国民性 …… 88
THEME 7 畳語 細部に宿るニュアンス …… 94
THEME 8 心情語 語彙の貧困が招くフィーリングプア …… 102
THEME 9 多義語名詞 一つのことばが持つ多面性に気づく …… 111
THEME 10 多義語動詞 核となる意味をつかみ取る …… 121
column2 メタファーは社会情勢を映し出す？ …… 133

第3章 日常の意識で変わる語彙力

THEME 11 ことわざ② 真意を見抜く訓練 …… 142
THEME 12 難読語 漢字の「読み」こそ日常で差がつく …… 150

THEME 13 熟語 誤読・勘違いの源泉 …… 156
THEME 14 オノマトペ 漫画からも学べることば …… 162
column 3 日本語が「外来語」になる？ …… 172

第4章 ことばと向き合う

THEME 15 慣用表現② ことばとは何か …… 180
THEME 16 助数詞 使いこなせば世界の見え方が変わる …… 186
THEME 17 類義語 似ていることばの「違い」にこそ注目 …… 193
THEME 18 漢熟語 ことばと向き合い養う読解力 …… 199
column 4 「書き順」の強制は時代遅れ？ …… 203

第5章 文脈を読む力

THEME 19 読解① すべてを知ることはできないからこそ …… 210
THEME 20 読解② 語彙力があるから思考できる …… 216
column 5 「言外の意味」を表すことばに囲まれて …… 233

終章 ご家庭でのことば遣いが左右する子どもの賢さ

指導ポイントのまとめ …… 240
家で気軽にできる「ことばのブリッジ」 …… 243
おわりに …… 251
参考文献 …… 254

ブックデザイン：新井大輔
八木麻祐子（装幀新井）
カバーイラスト：高橋由季
DTP：明昌堂
校正：東京出版サービスセンター

序章

教養を身につける基礎としての「ことば」

まずは、次の文章を一読してみてください。

語彙と文法の制限によって簡素化・平明化を実現したニュースピークは、淀《よど》みのない滑《なめ》らかなコミュニケーションを人々に可能にさせるが、しかしその事態は、人々がこの言語によって飼い慣らされ、表現力・思考力が弱まり、画一的なものの見方や考え方に支配されることを意味していた。

もちろん、これは小説のなかの話であり、ある種の思考実験に過ぎない。（とはいえオーウェルは、二〇世紀前半に猛威《もうい》を振《ふ》るった現実の全体主義国家*の言語政策やプロパガンダなどを手掛かりに、ニュースピークを周到《しゅうとう》に構想したわけだが。）

また、〈やさしい日本語〉はニュースピークのようなものだ、と言いたいわけでもない。ニュースピークは、全体主義に適わない世界観や価値観を表現する言葉を積極的に廃止《はいし》し、「ありとあらゆる他の思考様式を完全に排除すること」を明確に意図して設計されている。その一方で〈やさしい日本語〉は、先に確認したように、地域に住む人々の多様な背景を尊重し、相手の立場に立ったコミュニケーションを推進することを目的としている。それゆえ、人々は〈やさしい日本語〉の使用によって、画一的なものの見方どころか、多角的なものの見方を獲得できる可能性が大いにあるだろう。

しかし、仮に〈やさしい日本語〉が全面化するとすれば——つまり、いかなる場面でも〈やさしい日本語〉の使用が推奨されたり要求されたりするとすれば——その際にはこの言語はニュースピーク的なものに近づくことになる。誰か（言語学者？　国の機関？）が意図して減らした語彙と表現形式に従ったかたちであらゆる報道がなされたり、あらゆるレポートや論文が書かれたりするようになれば、どのような語彙や表現形式が制限されるかに応じて、思想的な偏りが生まれたり強まったりするだろう。また、たとえば価値中立的な言葉や政治的に中立的な言葉だけを用いる、といった方針を採ったとしても、言うまでもなくその方針自体が、一種の思想的な偏りを示すものとなる。

そして、それ以前に、〈精密コード〉としての側面を失った日本語は、それを使用する者の表現力や思考力を著《いちじる》しく弱めてしまうことだろう。

＊全体主義……個人の権利や利益を国家の統制下に置こうとする思想。

これは古田《ふるた》徹也《てつや》『いつもの言葉を哲学する（朝日新書）』（朝日新聞出版）から引用した文章であり、2023年度の渋谷教育学園渋谷中学校（第1回）の国語の素材になった範囲のほんの一部です（入試問題で使用された文章の5分の1程度を抜粋しています）。

「え？　こんなに難しい文章が中学入試で題材になったの？」

そんなふうに驚かれる方が多いことでしょう。

中学入試に挑む受験生たち、つまり、小学校6年生はこのレベルの難解な文章を読み、用意された問題の数々を制限時間内に解いていかねばならないのです。

誇張するために難解な文章をわざわざ厳選して取り上げたわけではありません。実際、この『いつもの言葉を哲学する』という作品は2023年度の中学入試において一番好まれた論説文であり、渋谷教育学園渋谷中学校以外にも、香蘭女学校中等科、サレジオ学院中学校、芝中学校、聖光学院中学校、桐光学園中学校などの国語の入試問題で素材文として使用されました。

ここで抜粋して取り上げた文章の中で注釈が付されているのは「全体主義」ただ一つだけです。それ以外にも、注釈がないにもかかわらず、子どもたちにとって「難語」と言って良いことばがたくさんあると思いませんか。

たとえば、「語彙」「簡素化」「平明化」「淀み」「滑らか（だ）」「画一的」「プロパガンダ」「周到に」「適う」「多角的」「全面化」「推奨」「意図」「偏り」「価値中立的」「精密」「著しい」などは子どもたちにとって「難語」と言えるでしょう。一語一語に対して辞書を引いてその意味を確認したいところですが、入試問題を解くという観点で言えば、その場に辞書を持ち込むことはできませんし、何より制限時間内で問題を解き切るには、これらの難語の意味をじっくり考える時間はありません。

いま「辞書」という単語が登場しました。中学受験で大人向けの文章ばかりが課されるのであれば、その準備段階では難しいことばに遭遇するたびに辞書を引く習慣を身につけるべきなのでしょうか。あるいは、書店の中学受験参考書のコーナーに足を運ぶと、「語彙力増強」のための参考書が何冊も並んでいます。これらを使ってトレーニングすることは果たして有益なのでしょうか。

これらの問いに対してわたしはこう回答します。

文章の中で何度も繰り返されるキーとなることばが分からないのであれば、それのみを辞書で調べましょう。常に辞書を携えて、あれやこれや引いてみる必要はないということです。

「語彙力増強」の参考書については、これも特に入手して学ばなくてもよいでしょう。中学入試で扱われる文章に登場する（子どもたち当人が知らないであろう）「難語」の対策には際限がありません。出題され得る「難語」をできる限り網羅しようとすると、数千語にのぼってしまいます。それらの語彙強化用の参考書をただ眺めたり、ノートを取ったりする程度ではそこに載っている難語など到底覚えることはできないですし、使いこなすこともできないでしょう。そんな時間があるなら、他の教科の学習に時間を配分すべきです。

中学受験をする子どもたちに求められる語彙運用能力は、暗記に努めることではなく、文章を読んでいる際に分からないことばに出あったら、その場で瞬時にその意味を「推測」するスキルなのです。

それでは、その術《すべ》を子どもたちがいかにして持てるようになるのでしょうか。

本書ではこの点にも着目してそのポイントを説明しています。

子どもたちが新たなことばを獲得するとき

話は変わりますが、わたしたち大人のこれまでの学びの歴程を振り返ると、いま身につけている手持ちの「語彙」のうち、一体何％が辞書を引いて獲得したことばに当たるでしょうか。わたしは1％もないのではないかと睨《にら》んでいます。

ことばの獲得については幼児を例にとってみると分かりやすいでしょう。幼児は「誰かによって教え込まれる」ことでことばを獲得するのでしょうか。

そうではないでしょう。自分の周囲に飛び交う「何だかよくわからない音」と「その音が指し示す対象物」が結びつくと認識したときにようやく初めて、「ああ、なるほどそういうことか（とは言いませんが）」と、そのことばの意味を胸に刻んでいくのですね。ただし、ある程度の時間が経つとそれらを忘れていってしまうのは自明の理《り》です。ですから、何度も何度もそれらのことば（音）を耳にして、その対象物に目を向ける経験を積み重ねるほかないのですね。

ところで、株式会社マイナビが、赤ちゃんが初めて発した（明確な意味を持つ）ことばを2017年度に調査しています。その結果によると、第1位はご飯を意味する「まんま」、第2位は母親を意味する「ママ」だったそうです。

ともに毎日、毎時間のように目にすることが多いものであるからこそ、これらのことばとその意味を早期に結びつけることができるのでしょう。周囲の大人との触れ合いが幼児のことばの習得には不可欠であることを示唆しています。

これは小学生だって同じです。

子どもたちは親をはじめとした他者とのコミュニケーションの中でことばを自然に覚え、いつしかそれらを使いこなすようになるものです。

子どもたちの語彙力増強には他者の導きが大切なのですね。

「はじめに」で述べたことの繰り返しになりますが、本書は親向け、すなわち大人向けの内容にあえて仕上げています。その理由としては、**まずは親が語彙の学習に楽しみ、それを子どもたちに伝えてほしい、場合によっては数々の問題に親子が一緒になって取り組んでほしい**という願いがあるからです。そういうコミュニケーションの中でこそ、子どもたちは手持ちのことばの数を増やしやすいのではないかとわたしは期待しているのです。

中学入試の知識問題を活用して語彙力増強を目指そう

さて、この本では中学入試問題を冒頭で紹介し、それにまつわる話や問題の解説をおこなうという形式をとっています。

そして、扱っている問題の大半はいわゆる「知識問題」です。

中学入試の国語は「読解問題」と「知識問題」に二分されますが、「読解問題」を取り上げた読み物や参考書は数多くあるものの、「知識問題」をメインにしたものは比較的少数であると感じています。

それって実はもったいないことです。

中学入試で出題される数々の「知識問題」は子どもたち、そして親たちのことばへの興味関心の枝葉を広げるきっかけになります。それらは楽しく、気軽に取り組める問題揃いですし、語彙力を増強できる格好の材料になります。

その一例として2問の入試問題を取り上げてみましょう。1問目は漢字にまつわる諸知識を横断的にみる類《たぐい》のもの、2問目は慣用表現（慣用句・ことわざ・四字熟語）の理解を試す内容になっています。

問一　次の文章を読んで、後の問いに答えなさい。

（注）『広辞苑《こうじえん》』でミツバチを調べると、「ミツバチ科ミツバチ属の蜂《はち》の総称」。漢字では「蜜《みつ》蜂《ばち》」と書くのは言うまでもありません。①「蜂」の右側の「夆」は、「峰《ほう》」「鋒《ほう》」などにも

含まれる形。「峰」は、山のてっぺんのとがった部分。「鋒」は「きっさき」と訓読みして、刃物《はもの》のとがった先端《せんたん》を指します。とすれば、「蜂」に含まれる「夆」は、『広辞苑』のイラストでも分かる、あのお尻《しり》のとがった毒針を表すと考えて間違《まちが》いないでしょう。

一方の「蜜」は、「密」の「山」を「虫」に置き換《か》えた形。そこで、本来は巣に密に蓄《たくわ》えられたハチミツを指す、と考える説が優勢です。

ところで、「蜂」を「はち」と読むのは訓読みで、音読みでは「ほう」と読みます。それに対して、「蜜」を「みつ」と読むのは音読みで、この漢字には訓読みがありません。

音読みとは、昔の中国語の発音が日本語風に変化したもの。訓読みとは、漢字の意味を日本語に翻訳《ほんやく》したものです。つまり、一般的《いっぱん》には、②訓読みがない漢字には、その意味に相当する適切な日本語が存在しない、ということになります。

みつばち【蜜蜂】
（働き蜂）
＊出典をもとに作成
（画像提供：PIXTA）

（『図書』（岩波書店）二〇二二年四月所収、円満字二郎《えんまんじじろう》「四月、花が咲《さ》けば心も浮《う》き立つ」による）

（注）『広辞苑』……国語辞典の名前。

1　傍線部①「『蜂』の右側の『夆』は、『峰』『鋒』などにも含まれる形」とありますが、次の（1）・（2）の各文の□には、『蜂』の右側の『夆』のように、共通した部分をもつ漢字が入ります。□に当てはまる漢字の共通する部分を、それぞれ例にならって書きなさい。

例　けんかの□裁をする　（仲）
山の□腹で休む　（中）
主君に□誠を誓う　（忠）
≫答え：**中**

（1）雑誌を□行する
政治の根□をゆるがす出来事
海□に波が打ち寄せる

（2）復習は勉強の□本だ

周囲の□待にこたえる

運動会に世界の国□をかざる

2 傍線部②「訓読みがない漢字」を次の中から一つ選んで、記号で答えなさい。

ア 茶　イ 記　ウ 永　エ 曲　オ 野

3 次の（1）・（2）の中心の□に一字の漢字を当てはめると、例のように□の漢字の音読みと訓読みを使った二字熟語が二つできます。それぞれの□に当てはまる漢字を書きなさい。

例 真□夜　》答え：**昼**（真昼《まひる》　昼夜《ちゅうや》）

（1）身□所

（2）開□見

4　次の（1）・（2）の熟語を別の言い方で表現したものを、ア〜カの中から一つ選んで、それぞれ記号で答えなさい。

（1）　反省　　（2）　製作

ア　こしらえる　イ　まとまる　ウ　あらわす　エ　まとう
オ　つまびらかにする　カ　ふりかえる

2023年度・横浜雙葉中学校 ▼ 答えはP32

問二

次の❶〜❺について、後の問いに答えなさい。

❶　葦《よし》のずいから天井のぞく
❷　身から出た錆《さび》
❸　犬も歩けば棒にあたる

❹ 負けるが勝ち

❺ 水を得た魚

1 ❶と似た意味の表現になるように、次の空らん□に漢字二字のことばを入れなさい。

井の中の蛙《かわず》□を知らず

2 ❷と似た意味の四字熟語となるように、次の二つの空らんa・bにそれぞれ漢字を入れなさい。

自a自b

3 ❸は、よい意味でも悪い意味でも使われますが、よい意味で用いた場合に似た意味となるものを次から一つ選び、番号で答えなさい。

ア　猫《ねこ》に小判

イ　出る杭《くい》は打たれる

ウ　たなからぼた餅《もち》
エ　うわさをすれば影《かげ》がさす

4　❹について、その説明として最もふさわしいものを次から一つ選び、番号で答えなさい。

ア　あり得ないことが起こることを、大げさに述べたことば。
イ　負け惜《お》しみが強いということを、比ゆ的に述べたことば。
ウ　斜《しゃ》に構えた態度をとることを、皮肉っぽく述べたことば。
エ　先を見とおして行動することを、逆説的に述べたことば。

5　❺と対照的な意味のものとして、最もふさわしいものを次から一つ選び、番号で答えなさい。

ア　馬の耳に念仏《ねんぶつ》　イ　のれんに腕押《うでお》し　ウ　青菜に塩　エ　猫に小判

2023年度・東京都市大学付属中学校（第4回）

▼答えはP32

知識問題は「言語知識」と「文法知識」に二分される

いかがでしたか。この2つの中学入試問題の解答を本章の最後に載せておきますので、どれだけ正解しているかを確認してみてください。

先ほど申し上げましたが、中学入試の国語は「読解問題」と「知識問題」に区分することができます。「読解問題」では、論説文、物語文、説明文、随筆文、詩、短歌、俳句などのジャンルが題材になります。この読解問題の中に「知識問題」を数問設けることもよくあります。さらに中学入試で出題される「知識問題」は大きく「言語知識問題」と「文法問題」の2つに分けられます。それでは、それぞれどのような分野から出題されるのでしょうか。

「言語知識問題」

- 漢字の読み取り・書き取り
- 漢字の知識（部首・画数・音訓・送りがな・かなづかいなど）
- 二字熟語（熟語の組み立てなど）　三字熟語　四字熟語
- 同音異義語　同訓異字　多義語　対義語　類義語

- 慣用句　- ことわざ　- 故事成語
- 敬語　- その他（畳語・比喩表現などのレトリック・助数詞など）

「文法問題」
- 文と文節
- 主語・述語・修飾語
- 自立語（名詞・動詞・形容詞・形容動詞・副詞・連体詞・感動詞・接続詞）
- 付属語（助詞・助動詞）

中学入試の国語で出題される「知識問題」は、実に多岐にわたる分野から出題されることが理解できるでしょう。

わたしは、親が実際の中学入試問題に取り組んで得た語彙知識をわが子に伝えてほしいと考えて本書を執筆しました。親子で楽しく「語彙力増強」に努めてもらえたら嬉《うれ》しいです。そのために、本書で取り上げているものは「言語知識問題」です。全分野を網羅してはいませんが、**ことばの面白さを深く味わえるタイプの問題を取り揃えました。**

「ヤバい」の連呼で失われることばがある

当然のことではありますが、人間はことばで思考する生き物です。**手持ちの語彙が豊富であればあるほど、複層的な回路を有して物事に処することができるようになります。**反対に、手持ちの語彙が貧困であればあるほど、物事を表層的なレベルでしかとらえられなくなってしまいます。たとえば、何かあるたびにわが子が「ヤバい」「キモい」「ウザい」などといった「決まり文句」ばかりを連呼するようになるのは語彙が不足していることのサインと言えるでしょう。

「ヤバい」に絞って簡単に説明してみましょう。

「ヤバい」とは「不都合であったり危険であったりする」ことを本来意味することばです。江戸時代、「やば」は「官憲の追及がきびしくて盗人などの身辺が危うい」ときに発したことばとされています。1990年代には若者たちの間で「格好悪い」の意で用いられるようになりましたが、2000年前後からはマイナスの意味だけでなく、「とてもよい」「格好いい」「とてもおいしい」「楽しい」「感動する」などといった肯定的な意味でも使い始められました。「この前、路上でテレビのロケをしていて俳優の○○を見たんだけど、めっちゃヤバい！」などというのは、プラスの意味で使われているのですね。

こう見ていくと、「ヤバい」の指示する範囲は広大であることが分かります。言い換えれば、「ヤバい」一語でさまざまな心情を言い表せるのです。

ことばは時代とともに変化するのは当たり前ですし、「ヤバい」は汎用性に優れている便利な表現とみることができるでしょう。しかし、もしわが子が「ヤバい」を多用しつづければ、そのときどきの微妙に異なる心情・心持ちを表す数多くのことばを知らずに過ごしてしまうことになるのです。これは相当ヤバいです（否定的な意味）。

親子で言語の世界を堪能しよう

本書の第1章〜第5章では、実際に出題された中学入試の「言語知識問題」を各項目の冒頭で紹介しています。それらを解いたうえで、その問題の解説のみならず、そのテーマ全般にまつわる話や、その分野を学ぶ際のポイントなどに目を通してください。そこから得られた知見をヒントに、今度はわが子に同じ問題に取り組んでもらい、その解説を丁寧にしてやってほしいのです。

親子でワイワイと楽しむことで、子が自然と言語に興味を持ち、その面白さに目覚めるよう、随所に工夫を凝らしたつもりです。

本書に取り組むことで、互いの語彙力を強化できます。それだけではなく、本書には文章読解で活用できるヒントをたくさん散りばめています。

本書をきっかけに親子で国語を好きになってほしいと心から願っています。

それでは、ことばの旅に出かけることにしましょう。

入試問題の解答（21ページ）

問一　**1**（1）干（2）其　**2**　ア
3（1）近（2）花　**4**（1）カ（2）ア

問二　**1**　大海　**2**　業・得　**3**　ウ　**4**　エ　**5**　ウ

第1章

何のために学ぶのか

THEME 1

四字熟語

丸暗記の卒業

いろいろな四字熟語

問 次の四字熟語の中から誤った字を探し、正しく書き直しなさい。また、その四字熟語の意味としてふさわしいものを後から選び、記号で答えなさい。

❶ 自画自参　❷ 一石二朝　❸ 日新月歩　❹ 大同小居　❺ 五利霧中

ア どうしたらよいか分からなくなること。
イ どんどん進歩していくこと。

ウ　自分の行動を自分でほめること。
エ　ひとつのことをすることで、ふたつの利益をえること。
オ　ほとんど差がないこと。

2017年度・横須賀学院中学校（1次B）▼答えはP41

横須賀学院中学校で出題された四字熟語の問題です。子どもたちが間違いやすい漢字から「逆算」して出題しているのでしょう。そういえば、わたしの授業内でおこなった確認テストで「ききいっぱつ」を漢字で書かせるものを出したところ、多くの子が「危機一発」と解答していました。正しくは「危機一髪」ですね。なぜ、「発」ではなく、ここでは「髪」という漢字をあてるのでしょうか。それは、「髪の毛一本で支えられているような危険な状況」を示しているからです。「一髪」という2字が比喩表現になっているのですね。

漢字を間違えるということは、実は意味や由来を正しく理解していない可能性があり、誤用につながる恐れもあります。恥ずかしい思いをしないためにも、漢字の意味や由来を正しく理解することは、実はかなり重要なのです。

ここで代表的な四字熟語の構成を紹介しましょう。

二字熟語同士が類義語の関係になる四字熟語

たとえば、「悪戦苦闘」は「悪戦」と「苦闘」という「戦いに多大な労力を要する」という意味の同じ熟語が重ねられています。ほかにも「威風堂々」「厚顔無恥」「完全無欠」などがこのタイプの四字熟語です。

二字熟語同士が対義語の関係になる四字熟語

たとえば、「有名無実」の「有名」と「無実」を比較してみましょう。前者は「評判が高いこと」、後者は「中身がないこと」となり、この四字熟語は「評判は高いのだけれど、中身がないこと」という逆接表現を挿入して成立します。よって、前者の二字熟語と後者のそれは対義語の関係にあることが分かります。ほかには、「異口同音」「右往左往」「針小棒大」などの四字熟語もこのタイプに相当します。

前の熟語が後の熟語を修飾する関係となる四字熟語

「我田引水」がその代表例です。「我田」とは「わたしの田んぼ」で、「引水」とは「水を引くこと」。この四字熟語は「わたしの田んぼに水を引く」、ここから「自分の都合の良いようにふるまったり、とりはからったりすること」という意味が生まれました。上の熟語が下の熟語を修飾する（説明する）という構成であることが分かります。ほかには「順風満帆」「和洋折衷」などがこのタイプです。

前の熟語が「主部」、後の熟語が「述部」となる四字熟語

たとえば、「本末転倒」がこのタイプです。「本末」とは「大切なこととつまらないこと」という意味であり、「転倒」は「ひっくり返る」という意味です。両者を合わせると、「大切なこととつまらないことがひっくり返ること」となり、上の熟語が「主部」、下の熟語が「述部」という関係になります。ほかには、「主客転倒」「意気揚々」「終始一貫」などがこの類《たぐい》の四字熟語に当たります。

四字がそれぞれ対等の関係となる四字熟語

□□□□という四字熟語の□同士に「軽重」の差がないタイプです。分かりやすいものでいえば「春夏秋冬」がそうですよね。ほかにも「喜怒哀楽」「花鳥風月」「起承転結」な

どがこの類《たぐい》の四字熟語となります。
さて、中学入試ではこの四字熟語の問題がさまざまな形式で出題されます。
次に紹介する問題は、攻玉社中学校の2022年度（第1回）の入試問題からの抜粋です。

問 次の枠内の漢字を用いて四字熟語を三つ作るには一字足りません。その足りない漢字一字を答えなさい。

例

機	柔	一
両	断	優
危	不	髪

≫ 解答：刀（危機一髪　優柔不断　一刀両断）

❶

言	同	大
異	敵	断
小	油	語

❷

得	利	一
心	害	失
機	挙	両

❸

起	回	本
末	承	転
倒	結	死

❹

深	気	味
長	意	無
合	燥	乾

❺

明	大	我
山	引	公
水	田	紫

それでは、答え合わせをしましょう。❶道、❷転、❸生、❹投、❺正です。

この手の問題を制限時間のある試験中に素早く解くには、どれだけの四字熟語がわが子の頭の中に「整理した状態でストックされているか」が鍵を握ります。四字熟語でいえば、先に挙げたような構成をしっかり理解して意味を捉えられているかどうかが大切になるのです。1点、2点が勝負を分けることのある中学入試では、日々どれだけたくさんの語彙に接しているか、どのような手法でそれらを身につけているかが問われてもいるのです。

ここで、中学入試でよく登場する基本的な四字熟語とその意味の例を掲げます。

中学入試頻出・基本的な「四字熟語」の例

- 以心伝心　ことばを使わずに心から心に伝えること。
- 一日千秋　まちこがれる気持ちのこと。
- 一朝一夕　短い時間。
- 意味深長　ことばに深い意味がふくまれていること。
- 因果応報　人のおこないの善悪に応じて、報いがあること。
- 海千山千　経験を積んでずるがしこくなった人。

我田引水　自分にとって都合のよいようにすること。

危機一髪　危険に追い込まれた状態のこと。

起死回生　絶望的な状態から復活すること。

奇想天外　ふつうでは考えつかない面白い発想。

空前絶後　とてもめずらしいこと。

公明正大　かくしごとややましさが一切ないこと。

七転八倒　もがき苦しむこと。

枝葉末節　どうでもよい細かいこと。

針小棒大　ものごとを大げさに言うこと。

晴耕雨読　のんびりとした生活を営むこと。

大器晩成　大人物は人よりおくれて成功すること。

大同小異　だいたい同じであること。

二束三文　価格がとても安いこと。

不言実行　何も言わずにやるべきことをやること。

付和雷同　自分で考えず人の意見にしたがうこと。

- 本末転倒　大切な部分とどうでもいい部分を逆にすること。
- 有名無実　名は立派だが中身はたいしたことがないこと。
- 臨機応変　その場に応じて適切な処理ができること。

四字熟語の大半は二字熟語が2つ組み合わさったものです。その意味の判断に苦慮するようであれば、上の二字と下の二字に分けて、それぞれの意味とそのつながりからどのようなことを言い表しているのかを推測することで、言わんとすることが浮かび上がってくることが多いのです。

入試問題の解答（34ページ）

❶ 賛・ウ　❷ 鳥・エ　❸ 進・イ　❹ 異・オ　❺ 里・ア

THEME 2

かなづかい・送り仮名

信用度を左右する

大人でも誤りが散見される「かなづかい」「送りがな」

問 次の❶〜❸の文にはそれぞれひらがなが一字間違ったところがあります。正しい文になるよう、その一字を抜き出し、正しい字に書き直しなさい。

❶ 二個づつ、袋に分けて入れてください。

❷ 上へ下への大騒ぎとなった。

❸ おおさまの言葉に、みな驚いてしまった。

2015年度・明治学院中学校（第2回）一部改題 ▼答えはP48

「かなづかい」のミスを指摘する問題です。大人でも「かなづかい」をミスしたまま気づかないでいるケースが案外散見されます。問題の❶の「づつ」はメールの文面などでよく見かけます。ひらがなですので、変換の際に気づくことが難しいのかもしれません。

また、先日Twitter（現「X」）をチェックしていたら、ご立派な教育論をぶっていた方が「〜と言わざるおえない」と呟いていました。わたしは一瞬「え？　負えない？」と混乱してしまったのですが、もちろんこれは「〜と言わざるを得ない」の間違いですね。このようなミスを目にすると、（わたしが歪《ゆが》んでいるのかもしれませんが）どうもご立派なその教育論自体、信用に足るものかどうか疑わしく思えてきてしまうのです。**正しい「かなづかい」で文章を書けないと相手が自分を信頼しなくなってしまうリスクがあります。**「かなづかい」といえば、「じ・ぢ」の使い分けも誤ってしまいがちです。たとえば、「間近」「鼻血」「底力」をそれぞれひらがな表記すると、「まぢか」「はなぢ」「そこぢから」となります。もともとは「近い（ちかい）」「血（ち）」「力（ちから）」ですから、「ち」に濁音が付く理由は分かります。しかし、「地震」「地面」はどうでしょうか。「地」は「ち」と読みますから、そういう理由で「ぢしん」「ぢめん」とひらがな表記をしてしまいたくなりますが、実はこれは間違いです。それぞれ「じしん」「じめん」と書き表します。こちらは例外的なものとして覚えておきましょう。

それでは、かなづかいのミスを防ぐポイントをお伝えします。

「は・へ・を」

たとえば、「わたしは高校生だ」「公園へ行く」「電車を利用する」のように助詞として用いられる「は」「へ」「を」は「ワ・エ・オ」と発音します。先ほど指摘した「〜と言わざるおえない」の「お」は助詞ですから、「を」と書き表すのですね。助詞以外のものとしては、「こんにちは」「こんばんは」「あるいは」「もしくは」「または」の「は」は「ワ」と発音します。

「あ・い・う・え」

長くのばす音（長音）のうち、「アー・イー・ウー・エー」と発音するものは、かなの下に「あ・い・う・え」をつけて書き表します。たとえば、「おかあさん」「おばあさん」「くうき」「おにいさん」などです。

「う・お」

長くのばす音（長音）のうち、「オー」と発音するものは、かなの下に「う」をつけて書きます。たとえば、「おとうさん」「おうさま」「こうえん」などがそうです。ただし、以下のものは「お」と書き表すので注意が必要です。「おおかみ（狼）」「こおり（氷）」「とお（十）」「おおきい（大きい）」「とおい（遠い）」「とおる（通る）」「おおい（多い）」などがその一例です。

それ以外にも間違いやすいものとして、「たいいく（体育）」が挙げられます。「体育館」なんてつい「たいくかん」と発音してしまいますからね。

さて、「かなづかい」同様、大人であってもうっかり書き間違えてしまいがちなものに「送りがな」があります。

たとえば、「うけたまわる」「こころよい」を、送りがなを付して漢字で書いてみてください。正解は「承る」「快い」となります。勘違いしていた方がいるかもしれません。

送りがなは例外が多く、規則を示せば解決するわけではないのですが、大まかなルールを次にまとめました。ご参考にしてください。

「動詞」の送りがな

送り仮名をどの音からつけるとよいのかを判断するためには、その動詞に「ない」をつけてみます。たとえば、「はたらく」に「ない」を付けると、「はたらかない」となります。「ない」の直前の語からが送り仮名になるのです（「働く」「働かない」）。同様に、「うけたまわる」に「ない」を付けると「うけたまわらない」となり、「ら」から送りがなになることが判明します（「承る」「承らない」）。

「形容詞」の送りがな

「〜い」で終わる形容詞は「い」の部分から、「〜しい」で終わる形容詞は「しい」の部分から送りがなとなることが多いのです。たとえば、「短い」「美しい」などです。

「形容動詞」の送りがな

終止形となる「だ」から送りがなになるのが一般的ですが、「か」「やか」「らか」が含まれる形容動詞はその部分から送りがなになります。「静かだ」「軽やかだ」「柔らかだ」などがそうですね。

そのほか、「必ず」「少し」「再び」「全く」「最も」などの副詞も送りがなを間違えてしまいやすいことばであると言えるでしょう。

それでは、ミスしがちな「送りがな」の問題を作成しました。解いてみてください。

1 小鳥がむれて飛ぶ。
2 事がおおやけになる。
3 ただちに出発する。
4 新しい会社をおこす。
5 恩にむくいる。
6 さいわいにも助かる。
7 すみやかに対応する。
8 宝石をあきなう。
9 両親をやしなう。
10 喜びをあらわす。
11 料理をあじわう。
12 寒さがやわらぐ。
13 自信をうしなう。
14 自身をかえりみる。
15 熱心にはたらく。
16 実験をこころみる。
17 畑をたがやす。
18 八百屋をいとなむ。
19 親にさからう。
20 日時をたしかめる。
21 注文をうけたまわる。
22 風がこころよい。

答えは、❶群れて、❷公、❸直ちに、❹興す、❺報いる、❻幸い、❼速やかに、❽商う、❾養う、❿表す、⓫味わう、⓬和らぐ、⓭失う、⓮省みる、⓯働く、⓰試みる、⓱耕す、⓲営む、⓳逆らう、⓴確かめる、㉑承る、㉒快い、です。いかがでしたか。

大人でもついミスしてしまう「かなづかい」「送りがな」ですから、わが子にとっても気を付けなければならないポイントであるのは当然ですよね。

これを機会に、「かなづかい」「送りがな」の見直しをしてみてはいかがでしょうか。

入試問題の解答（42ページ）

❶ づ↓ず　❷ へ↓を　❸ お↓う

THEME 3

故事成語

ストーリーに現れる本質の理解

ショートストーリーで覚える「故事成語」

問 次の文を読んで、何の故事成語（中国の昔話からできた慣用表現）を示した例文かを考え、その故事成語を記号で答えなさい。

❶ あと一歩で甲子園出場の夢を絶たれた相手に勝つために、ぼくは来夏に向けて自らに厳しいトレーニングを課している。

❷ わたしの父は写真家で夏はヨーロッパに、冬は南アメリカ大陸にと忙しく動き回っている。

❸ あの人の言動は許せないが、ああいう人になってはいけないのだと学ぶきっかけにもなった。

ア 他山の石　イ 朝三暮四　ウ 背水の陣　エ 南船北馬
オ 四面楚歌　カ 臥薪嘗胆

オリジナル問題▼答えはP59

「故事」とは、主に中国の古典や口承などによって昔から伝えられてきた、いわれのある事柄や語句のことで、このような表現を「故事成語」と総称します。

「故事成語」の問題は中学入試でよく登場しますが、ほとんどが、「慣用句」や「ことわざ」と同列に並べられてその知識が問われる形式であり、故事成語の単独問題は管見《かんけん》の限り存在しません。冒頭の問題をオリジナルにしたのはそういう理由です。中学入試で出題される故事成語は比較的限定的なのです。

また、先に述べたように、故事成語は中国の古典や口承から生まれたことばです。そう考えると、それらのストーリーとあわせて故事成語を覚えると、わが子の頭の中にしっかり定着するのではないでしょうか。

漁夫の利

意味　両者があらそっているうちに、他人がその利益を横取りしてしまうこと。

ストーリー　どぶ貝が口をあけて陽《ひ》にあたっていると、しぎ（鳥）がやってきて、その肉をついばんだ。すると、どぶ貝も負けじと口を閉じて、しぎの口ばしをはさんだ。どちらも相手を離さず、じっとしているうちに、漁師がやってきて両方ともつかまえられてしまった。

五十歩百歩

意味　多少の差はあっても、そんなに変わらないこと。どちらも大して差はないこと。

ストーリー　戦場で戦いがおこなわれている。ある兵士はおそろしくなって鎧《よろい》をぬぎすてて武器を引きずって、逃げ出しはじめたが、五十歩逃げて止まった。またある兵士は同じようにおそろしくなって逃げ出したが、百歩逃げて止まった。五十歩逃げた兵士が百歩逃げた兵士を臆病者といってあざわらったが、さて本当に五十歩逃げた者が百歩逃げた者をそのようにわらうことができるだろうか。結局、逃げ出したことには変わりはない。

塞翁《さいおう》が馬

意味　人生の幸不幸は予測できないこと。

ストーリー　昔の中国の、国境の近くに住んでいた老人（塞翁　＊「塞」とは「国境のとりで」、「翁」とは「おじいさん」の意）の馬が、となりの国へにげてしまった。近所の人々は老人をなぐさめたが、老人は「これがいいことをもたらすかもしれないよ」と言った。数か月して、にげた馬がとなりの国の優れた馬をつれて帰ってきた。近所の人々がお祝いを言いにきたが、老人は「これがわざわいをおこすかもしれないよ」と言った。優れた馬がふえたのを喜んだ老人の息子が、この馬に乗ったところ、馬から落ちて足の骨を折ってしまった。近所の人々がお見舞いにきたが、老人は「いやいや、これがまたいいことをもたらすかもしれないよ」と言った。それから一年ほどして戦争がおこり、若者たちの多くは戦死してしまったが、この息子は足の怪我《けが》のおかげで兵隊にとられず無事であった。人生は何が起こるか分からないものなので、老人はひとつひとつの出来事を喜んだり悲しんだりしなかった。

大器晩成

意味　ほんとうに優れた大人物は、若いころはあまり目立たないが、人よりおくれて才能をあらわし、立派な人物になること。

ストーリー　鐘や食物を煮るための大きな器はすぐに作ることができず、完成するまで長い日数がかかる。偉大な人物についてもまた同じである、という教えにもとづいている。「晩成」とは、「おそくに完成する」の意。

蛇足

意味　つまらぬ余計なもの。ないほうがましなもの。

ストーリー　あるとき、蛇の絵を描く競争をして一等になった者が酒を飲めることになった。一番早く描きあげた男が調子に乗って、「わしは足も書くことができるぞ」と、蛇に足を付け加えた。すると二番目に描きあげた男が「蛇に足などあるものか。よって、これは蛇ではない」と言って酒を飲んでしまった。調子に乗ってしまった男は酒を飲むことができなかった。

朝三暮四

意味　目先の違いにこだわって、同じ結果になることに気がつかないこと。また、口先で人をうまくだますこと。

ストーリー　猿をたくさん飼っている男がいた。食料が尽きそうになったので、猿の食べるものを減らそうとした。そこではじめに猿たちに、「おまえたちにとちの実を朝に三つ、夜に四つやろう」と言ったところ、猿はえさが少ないと怒りはじめた。早朝のことである。それでは、と考えた男は、「では、朝に四つ、夜に三つやろう」と言うと、猿たちはみな喜び満足した。結果は一緒なのにも気づかずに。

背水の陣

意味　一歩も退《ひ》くことのできないぎりぎりの立場。失敗したらあとがないという覚悟でぶつかること。

ストーリー　中国のある国の将軍が他国と戦争をしたとき、わざと川を背にした陣地をつくった。もう一歩でも退いたら相手国に負けてしまう。そう考え、兵士たちに決死の覚悟をさせて戦わせたところ、ものすごい力を発揮し、勝利を収めることができた。

矛盾

意味　話のつじつまが合わないこと。

ストーリー　昔、商人が「どんな盾も突きとおす矛」と「どんな矛も防ぐ盾」を売ろうとしたが、客から「では、その矛で、その盾を突くとどうなるか」と問いただされて困ってしまった。

故事成語は、知識が問われる以外に、読解問題の文章にも頻繁に登場します。文脈の中で理解することが大事なのです。次に挙げる例のように、日常生活の会話で使用することを意識すると、その意味が定着しやすいですよ。

「あのドラマは最後に恋人同士がそっと離れ離れになるシーンが圧巻だよね」

「圧巻」とはもともと書物の中で最も優れた作品という意味があったのですが、それがより広範囲で用いられるようになり、いまでは「全体の中で最も優れた部分」という意味で用いられています。

「古事記から学べることってたくさんあるよ。温故知新というじゃないか」

「温故知新」は「古きを温《たず》ね新《あたら》しきを知る」と読み下せます。つまり、「昔のことから新しい知識や方法が見出《みいだ》せる」という意味となるのです。

「あれだけ文化祭の準備に時間をかけたのに、肝心の看板を作り忘れるなんて画竜点睛《がりょうてんせい》を欠いているよ」

「画竜点睛」とは、「竜の絵を作成したその最後に瞳を描くこと」、つまり「最後の大切な仕上げ」を意味します。どんなに強そうな体格をした「竜」を描いたとしても、最後に入れたのがたとえば「垂れ目気味のつぶらな瞳」だったら、一気にその迫力が失われてしまいます。例文にあるように「画竜点睛を欠く」という言い回しでよく用いられます。

「飼い猫が一晩帰ってこないのは心配だけれど、杞憂《きゆう》に終わると思うよ。元気出しなよ」

「杞憂」とは、中国古代の杞の人たちは空が崩れ落ちてきはしないかと心配していたという話から生まれたことばです。「将来について不必要な心配をする」ことを意味します。このことを「取り越し苦労」とも言い表しますね。

「図書館に行けばたくさんの本があるけれど、玉石混淆《ぎょくせきこんこう》だから、読む本を慎重に決めないとダメだよね」

「玉」とは「宝石などの価値あるもの」、「石」は「価値のないもの」という対の意味となり、「混淆」とは「入り混じること」を表します。つまり、「よいものと悪いものが入り混じっている」という意味で使われます。

「仲の悪いAさんとBさんが同じ班になるなんて、呉越同舟《ごえつどうしゅう》だね。見ているこちらがハラハラするよ」

互いに憎しみ合っていた「呉」の国と「越」の国がありましたが、仮に両国の人たちが同じ船に乗り合わせて、暴風雨に襲われて船が転覆する危機に瀕したとしたら、きっと互いに協力し合うだろうということです。

「カンニングがばれたぼくは、クラスですっかり四面楚歌《しめんそか》になってしまった」

「四面」とは「前・後・左・右」、すなわち、「周りすべて」という意味です。漢軍に包囲された楚の大将が、周囲のあらゆる方向から自国（楚）の歌が聴こえてきたことから「劣勢のため、味方がことごとく寝返ったのだろう」と敗北を悟ったという話から生まれました。よって「四面楚歌」とは「周りがすべて敵であり、孤立無援の状態である」ことを意味します。

「作文を一度書き上げたら、ちゃんと推敲《すいこう》しよう」

「推敲」とは「文章を何度も練り直す」という意味があります。唐の詩人の賈島《かとう》が「僧は推《お》す月下の門」という句を作ったときに、「推す」を「敲《たた》く」に変更しようか思い悩んだという話から生まれました。

「あの人のお行儀の悪さを他山の石として、気を付けるようにしよう」

「他山の石」とは、「他人の間違った発言や行動も、自分自身の教養・品格を高める助けとなる」という意味です。「反面教師」という表現もこれに近い意味があります。「よその山から採れたつまらない石であっても、自分が玉を磨く際の砥石《といし》にできる」と述べた漢詩から生まれたものです。なお、文化庁が発表した2013年度の「国語に関する世論調査」によると、本来の意味ではない「他人のよい言行は自分の行いの手本となる」で使う人が増えているという結果が判明したそうです。しかし、年輩の会社の上司に対して、「部長を他山の石としてがんばります！」などと宣言したら、相手はどう反応するでしょうか……。

オリジナル問題の解答（49ページ）

❶ カ　❷ エ　❸ ア

THEME 4

慣用表現①

具体的な場面への応用

慣用表現の丸暗記に要注意

問 次の❶～❺の会話文の内容を表す慣用句に用いられる言葉の組み合わせを、後の語群A・Bからそれぞれ一つずつ選び、記号で答えなさい。ただし、同じ記号を二度以上用いてはならない。

❶「ちょっと待て。敵は君の行動を調査して準備しているはずだ。今行くのは危険だぞ」

❷「私はインド映画が好きなんだけど、なかなか理解してくれる人がいないんだ。え？君も好きなのか」

❸「少し前にテレビで放映されてから店に来る人が急増してね。今とても忙しくて大変なんだよ」

❹「彼は最近めきめきと実力を伸ばしているね。本当にめざましい活躍ぶりでみんながほめているよ」

❺「商品がまだできあがっていないのに、君はもう売る方法を考えているのかい？」

〈語群A〉　ア　狸　イ　馬　ウ　虫　エ　鰻　オ　猿　カ　猫

〈語群B〉　あ　登る　い　取る　う　合う　え　借りる　お　飛ぶ　か　乗る

2020年度・逗子開成中学校（第1回）▼答えはP67

これは、中学入試頻出の「慣用句」の問題です。

「慣用句」とは、「二つ以上の単語が必ず同じような結びつきをするもの、また結合して全体が特定の意味を表す言いまわし」のことです。一例として、「顔が広い」「目が高い」「口がすべる」「耳が痛い」「胸が痛む」……といった身体の部位を用いる表現や、「虻蜂《あぶはち》取らず」「馬の耳に念仏」「猫の額」「青菜に塩」「高嶺の花」のように、虫や動物・植物を使った表現、「油を売る」「折り紙を付ける」「焼け石に水」「水に流す」「雲をつかむ」のように、身近な道具や品物、あるいは自然現象を使った表現などがあります。

一般的に塾の国語教材には代表的な慣用句の一覧が掲載されているものです。この慣用句、どのように学習していけばよいのでしょうか。

これは慣用句に限った話ではありませんが、**一番やってはいけないのは、慣用句とその意味をただ丸暗記するということです。**

たとえば、手元の教材に次のような慣用句とその意味が記述されていたとしましょう。

例 顔から火が出る……大変に恥ずかしく思う。

例 手を打つ……話し合い、決着をつける。

例 目が肥える……物の良し悪しを見分けられるようになる。

例 気が置けない……親しくて気がねなしにつき合える。

例 竹を割ったよう……性格がさっぱりしている。

先ほども申し上げましたが、これらの慣用句とその意味をただ丸暗記する（何度も何度もそれをノートに書きつける）学習をおこなってもなかなか定着しません。何より冒頭で紹介した逗子開成の問題には丸暗記では到底太刀《たち》打ちできないのです。

それでは、どうしたらよいのでしょうか。

右の例でいえば、どういう場面、状況で「顔から火が出る」「手を打つ」「目が肥える」「気が置けない」「竹を割る」を使用するのか、**自身の身近な経験談などを持ち出してそれらの慣用句を使用したオリジナルの例文を作成してみることです。**その場合は辞書を引いて、そこに記述されている例文を参考にするとよいでしょう。

たとえば、「竹を割ったよう」ですが、「彼は竹を割ったような性格であり、周囲に対して裏表のない態度で接する」といった例文が作れますね。このような作業をおこなってはじめて「竹を割ったよう」という慣用表現がすっと身につくのです。

このような方法で慣用句を定着させないと通用しない問題が中学入試では頻出します。

次に挙げる問題は2015年度・昭和女子大学附属昭和中学校の入試問題です。慣用句の意味をぎゅっと縮めて二字熟語で示していて、それを選択させるという形式です。

問 次の❶〜❽と同じ意味の語句を後から選び、カタカナを漢字で答えなさい。

❶ 目くじらを立てる
❷ 船頭多くして船山にのぼる
❸ 転ばぬ先の杖
❹ 波に乗る
❺ 白旗をあげる
❻ 下駄を預ける
❼ あごで使う
❽ 赤子の手をひねる

アッショウ・コウチョウ・コンラン・ジュンビ・コウサン・オウボウ・イニン・ヒナン

正解を早速示しましょう。❶非難、❷混乱、❸準備、❹好調、❺降参、❻委任、❼横暴、❽圧勝、となります。

また、2020年度・慶應義塾湘南藤沢中等部ではこんなユニークな出題がされています。

問 次の各組の□には同じ漢字1字が入る。その漢字を書きなさい。また、各組の語句が一般的にどのような意味で用いられるかによって、次のように記号を書きなさい。

- 両方ともプラスの意味→A
- 片方がプラス、もう片方がマイナスの意味→B
- 両方ともマイナスの意味→C

❶ □がいい・□の息
❷ □がきれる・□が下がる
❸ □のおけない・□が多い
❹ □に流す・□をさす
❺ □を失う・□をなす

どうでしたか。正解は、❶虫・C、❷頭・A、❸気・B、❹水・B、❺色・C、となります。

興味深いのは❸「気」、❹「水」はプラスとマイナス双方の意味を表せる語であるということです。どのようなことばと連結するのか（これを「コロケーション」と言います）によって、語のニュアンスががらりと変化するのですね。

「気」はもともと「物事に反応する心の働き」を示しますが、ここにはプラスもマイナスもどちらのニュアンスも感じられません。よって、その心の働きが「良い方向」となるか「悪い方向」となるかは「気」に連結することばが決定づけるということです。

「水」だって本来は「水素と酸素との化合物であり、常温では液体となるもの」を表し、損・得や善・悪のどちらかに偏ることなどなさそうな語です。ただ、「水」は「人の命をつなぐために必要なもの」であり、「何かを除去するために便利なもの」といったプラスの意味を見出すことが可能です。また同時に、「人の命を奪う危険なもの」「邪魔になるもの」「温まっていたものを冷やしてしまうもの」といったマイナスの意味も見出せます。ここから、問題にあったような意味へと分かれていったのですね。「水に流す」＝「それまでの不和・不仲の状態を（水で）流してなくす」、「水をさす」＝「口出しなどをして（あたかも水をかけるように）邪魔をする」……このようにさまざまなコロケーションを挙げていくと、「水」がプラスにもマイナスにも転じる理由が分かります。**どのようにしてそのことばが生まれたかを分析することは、慣用表現を深く理解するのに必要不可欠な態度です。**

以上見てきたように、さまざまな切り口で中学入試では慣用句が出題されますので、親子で特定の慣用句を用いた例文を作成して互いにそれを披露するなどしてもよいかもしれませんね。そういうコミュニケーションを構築したほうが丸暗記を強いられるよりもよっぽど楽しんで取り組めるのではないでしょうか。

入試問題の解答（60ページ）

❶ ウ・お　❷ イ・う　❸ カ・え　❹ エ・あ　❺ ア・い

THEME 5

敬語

大人への第一歩、一生モノの語彙力

敬語の分類が中学国語では細かくなる!?

問 例にならって❶〜❹の敬語を完成させるとき、それぞれの（　　　）を埋めるのにふさわしい言葉を次のア〜クから一つずつ選び、記号で答えよ。

例　おっしゃる【言う・尊敬語】

❶　ご覧に（　　　）【見る・尊敬語】

❷　ご覧に（　　　）【見せる・謙譲語】

❸ お目に（　　　　）【会う・謙譲語】

❹ お目に（　　　　）【見せる・謙譲語】

ア　する　イ　なる　ウ　いたす　エ　なさる　オ　いれる　カ　はいる

キ　かける　ク　かかる

2022年度・久留米大学附設中学校 ▼ 答えはP77

今回は、久留米大学附設中学校の国語入試問題。「敬語」をテーマにした問題です。小学生にとって「敬語」は「非日常語」ですから、1つの知識単元として、主要な敬語をしっかり覚える必要があります。実際、**敬語の問題は男子校・女子校・共学校を問わず、多くの学校で出題されています。**

尊敬語と謙譲語は、「相手を敬う」という点では、その働きはまったく同じであるとされています。次のページの図を見てください。

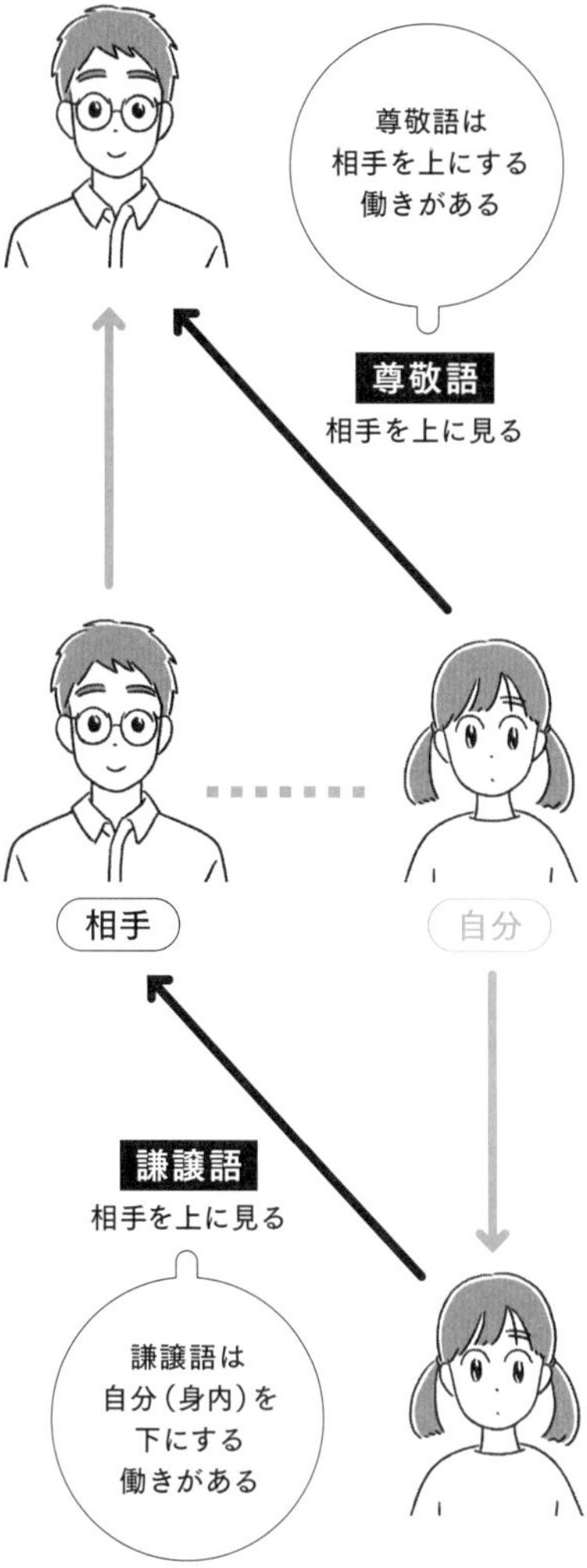
尊敬語は
相手を上にする
働きがある
尊敬語
相手を上に見る
相手
自分
謙譲語
相手を上に見る
謙譲語は
自分（身内）を
下にする
働きがある

図を見ればお分かりのように、尊敬語も謙譲語も「相手を上に見る（敬う）」そのやり方が違うだけです。自分（身内）を下にして相手を上に見るか、相手を直接持ち上げることで上に見るかの違いです。

ここから、次のことが言えます。

尊敬語…相手を直接上にする。
　↓相手の動作に用いられることが多い。
謙譲語…自分（身内）を下にする。
　↓自分（身内）の動作に用いられることが多い。

しかしながら、近年はこの説明では不十分とされるようになってきました。「謙譲語」と一括りにするのではなく、中学校以降の国語ではそれを2つに分類して指導しています。先ほど「謙譲語」は尊敬語同様、「相手を上に見る（敬う）」と申し上げましたが、実は高める相手がいない場合であっても、使用する謙譲語があるのです。それを「丁重語」と言います。

そして、小学生の習う敬語には「尊敬語」「謙譲語」に

旧	新	意味	例
謙譲語	謙譲語	自分がへりくだることで相手を高めて、その人物に対しての敬意を表す。	「うかがう」「申しあげる」「さしあげる」など
	丁重語	自分がへりくだることで丁重な表現をする。高める相手がいない場合に使う。	「まいる」「申す」「拙宅」「小社」など

加えて、もう1つ「丁寧語」があります。

丁寧語とは、直接話しかけている相手を敬う気持ちを表したり、ことばをやわらげたりする敬語です。「です」「ます」で締める言い方や、「お」「ご」といった接頭辞を名詞に付ける言い方などを指します。

しかし、これも先ほどの「謙譲語」同様に、さらに二分類する指導が中学校以降の国語教育でおこなわれています。下の表を見てください。

中学入試問題は、2021年度から順次実施されている中学校以降の新学習指導要領の影響がところどころに見られるようになってきました。

とするならば、今後「敬語の五分類」をテーマにした出題がされても不思議ではありません。この機会に「新しい敬語」についてお子さんに説明してやってはいかがでしょうか。

旧	新	意味	例
丁寧語	丁寧語	丁寧な言葉づかいで相手への敬意を表す。高める相手の有無を問わず幅広く使う。	「です」「ます」など
	美化語	上品な言葉づかいで相手への敬意を表す。高める相手の有無を問わず幅広く使う。	「お茶」「ご飯」「お料理」「ご飲食」など

それでは、「敬語」に関する問題にもう1問取り組んでみましょう。西の雄、灘中学校の2022年度（1日目）の国語から抜粋しました。

問　次の**1**～**3**の各文章の傍線部ア～エには、敬語としてふさわしくない表現がそれぞれ一つずつふくまれています。その記号を答えなさい。また、選んだものを敬語としてふさわしい形に書きかえなさい。

1　このたびはすばらしいミカンをア送ってくださり、まことにありがとうございます。さっそく家族でおいしくイいただきました。実家がミカン農家のウお母さんも、こんなにおいしい物は初めて食べたとエ申しておりました。

2　Aさんから、ここ数日あなたが体調をアくずしていらっしゃるとイうかがいました。無理せずじっくりウお休みしてください。元気なあなたとエお会いできるのを楽しみにしています。

3　今日は気温が高かったので、アいらっしゃられたお客様には冷たい麦茶をイお出ししましたが、どなたもおいしそうにウ召し上がっていました。エ喜んでいただけたようでうれしく思います。

わたしは小学生に敬語の指導をするときに、「尊敬語」と「謙譲語」の取り違えだけでなく、次のポイントに注意するよう伝えています。

❶ 敬語表現は重ねては（多用しては）いけない。これを「二重敬語」といいます。

例 おめしあがりになられる× ↓ めしあがる◯

❷ 相手の所有物などにつく「お」「ご」は尊敬語になることがある。

例 お手紙、拝見しました。

❸ 自分の家族、会社内の人間、つまり身内を他人に話すときには、謙譲語を用いる。

例 お父さんは出席なさいます。× ↓ 父は出席いたします。◯

それでは、答え合わせをしましょう。

1は身内に丁寧語を適用してしまっています。そうです。「お母さん」を「母」という謙譲語にしましょう。よって、**1**の正解は「(記号) ウ（書きかえ）母」です。

2は「お休みしてください」が使い方として間違えています。「お〜する」の形は一般的に謙譲語とされる場合が多いのです。正解は「(記号) ウ（書きかえ）お休み（お休みになって)」となります。

3は二重敬語を用いてしまっている「いらっしゃられた」が誤っています。正解は「(記号) ア（書きかえ）いらっしゃった」です。

この点、大人だって敬語を間違えてしまうことがよくあります。問題にも登場した「いらっしゃられた」などの二重敬語を使ってしまったり、同じ会社の人間を社外の人に話すときに「さん」や役職名を付けて呼んでしまったり……そんな人を見ると「残念な人だなあ」なんて感じてしまいませんか。ことば遣いがその人のスキルや性格すべてを表すわけではありませんが、**敬語をはじめとしてしっかりとしたことばづかいで他者とコミュニケーションを図れる人の第一印象は良いのではないでしょうか。**

言語発達において大切な時期を迎えているわが子が「正しい（とされる）敬語」をしっかり学ぶことは、信頼される大人へと成長する第一歩と形容しても差し支えないとわたしは考えています。そしてことばのルールは時代に応じてアップデートされるものです。大人のわたしたちもこの点について日々アンテナを張っておきましょう。

最後に中学入試でよく登場する代表的な敬語動詞を一覧化しておきます。

基本動詞	尊敬動詞	謙譲動詞
行く	いらっしゃる	まいる（うかがう）
来る	いらっしゃる	まいる
いる	いらっしゃる	おる
言う	おっしゃる	申《もう》す
聞く	お聞きになる	うかがう（拝聴《はいちょう》する・承る）
見る	ごらんになる	拝見《はいけん》する
する	なさる	いたす
食べる	めしあがる	いただく
会う		お目にかかる
やる・あたえる	くださる	さしあげる
知る	お知りになる	存じ上げる

右に挙げた「敬語動詞」を覚えていないと、中学入試で「敬語」が出題された場合に高得点を取ることが望めなくなってしまいます。「目上の人」と「目下の人」に役割分担して、親子で「電話ごっこ」（たとえば、商談のシーンなどの再現）などをおこなうと、これらの「敬語動詞」だけでなく、敬語についての諸知識がごく自然と身につきやすくなるのではないでしょうか。わたしも自身の授業でこの試みをよくおこなうのですが、かなり盛り上がります。

入試問題の解答（68ページ）

❶ イ　❷ オ　❸ ク　❹ キ

column1

「お笑い芸人」はことばの魔術師。お笑いで言語スキルを磨こう

わが子は中学受験を志しているのに、勉強の合間に YouTube ばかり鑑賞していてけしからん……と眉をひそめる親が多いことでしょう。

YouTube をはじめとする動画鑑賞は子どもたちの学力を低下させる危険なものなのでしょうか。わたしは節度をもってそれらに興ずることは、学力面においてマイナスに働くことはなく、むしろ、国語の読解スキルを向上させることすらあるのではないかと考えているのです。

わたしは社会人大学院生として、言語学の知見に基づき学齢児童の言語運用能力につい

て調査・研究していますが、たとえば、アイロニー（皮肉）については読書を好む子どもたちより YouTube をよく見ている子どもたちのほうがその理解に優れているという結果が出たくらいです。読書と違い、動画で繰り広げられるコントなどは、発話内容と顔の表情の一致や不一致などがつぶさに観察できるからかもしれません。

動画サイトには「お笑い芸人」によるコントなどがたくさんありますが、彼ら彼女らのことばのシャワーを浴びることで言語運用能力を磨けることだってあるのです。

いまや老若男女知らない人はいないだろうお笑いコンビ「千鳥」の名文句「クセがすごい」にスポットを当てて、この表現の妙を解説しましょう。なぜ、この文句が瞬く間に世間に広がっていったのでしょうか。

それまでは「クセが強い」という言い方が一般的でした。この場合の「クセ（癖）」とは「無意識に出てしまう偏った好みや傾向。習慣化している好ましくない言行」を意味します。「偏った」「好ましくない」とあることから、マイナスの意で用いられてきたのですね。たとえば、「あなたってクセが強い人だよね」と面と向かって言われたら、誰だって不快感を抱くことでしょう。

しかし、千鳥の流行《はや》らせた「クセがすごい」はこの「クセ」の持つ意味まで大きく変えているのです。お気づきになりましたか。

「すごい」とは紛れもなく賞賛のことばです。すなわち、千鳥の発する「クセ」は賞賛に値するその人の突出した個性を指すことになるのです。「クセ」が「すごい」と結びつくことで、マイナス表現から一気にプラス表現へと昇格しているわけですね。このポジティブさが受けて「クセがすごい」は市民権を得たのでしょう。

この表現が生まれた経緯、そして、わたしの考えたその意味について、千鳥のノブさんに直接ぶつける機会を得ました。

「『クセがスゴい』が生まれたのはもう20年前くらいかなあ……。ぼくたちは台本を一切書かず、直接顔を合わせてネタを練るんですね。そんな場で（相方の）大悟が『俺、歌が音痴やから聞いてくれ』と『森のくまさん』を歌ったんです。それがまるでミュージシャンのライブバージョンみたいな歌い方をしたんですよ。そこでぼくの口を衝《つ》いて出てきたのが『クセがスゴい』だったのです。それを聞いた大悟がめっちゃ笑って『なんやそのことば』って……」

実際、大悟さんの歌う「森のくまさん」はどうだったのでしょうか。

「いやあ、これがムッチャ面白かったんですよ。すごいアレンジだなあと、相方すごいなあ……そんな賞賛の思いが表れたのでしょうね」

わたしの予想した通りの回答に思わず嬉《うれ》しくなりました。ノブさんは続けます。

「たとえば、『矢野先生の教え方、クセがスゴい』って言われたら、そのオリジナリティが相手から承認されたような気がしません？　だから、『クセが強い』という否定的なことばとこれはまったく違うんですよ」

ノブさんはこんなふうに説明してくれました。

お笑い芸人とはまさにことばの魔術師であることが分かりますね。世間に広く浸透する流行語などに目を留めて、その表現に隠された意味などを考えると、ことばへのアンテナを強化する格好のトレーニングになりそうです。

さて、わが子の読解スキル向上のために、わたし

千鳥のノブさんへのインタビュー風景

がおすすめする「お笑い芸人」を2例紹介しましょう。

皆さんは「パングラム」ということば遊びをご存じですか。「パングラム」とはギリシャ語で「すべての文字」という意味です。その名の通り、アルファベットや五十音などのすべての文字を使って意味の通じる文章を作る遊びを指しています。その中でも難度が高いとされるのは、同じ文字は1回しか用いずに作成できた文章。これを「完全パングラム」と言い表します。

ちなみに、誰でも知っているであろう「いろは歌」は、この「完全パングラム」に相当します。

さて、この「完全パングラム」の名手として、お笑いタレントのバカリズムが挙げられます。2016年4月1日に放映された『爆笑問題の検索ちゃん　芸人ちゃんネタ祭りスペシャル』（テレビ朝日系列）で、自身の描いた挿絵とともに「完全パングラム」を披露しました。

るすをおそうとほら　よけいなへゐきっちんのあしゆ　ふろにかさたて
やねはぬめりまみれ　えゑ　せこむもひくわ

（留守を襲うとほら　よけいな塀　キッチンの足湯　風呂に傘立て　屋根はぬめりまみれ

ええ　セコムも引くわ）

素晴らしいですね。鋭い言語感覚を有していないと、このような作品を作り上げるのは不可能でしょう。バカリズムさんはお笑い芸人としてだけではなく、司会者や脚本家、俳優、そして小説家など多岐にわたって活躍しているのも頷けます。

続いて、現在はピン芸人として活躍するねづっちです。彼の「即興なぞかけ」は有名で、2010年度のユーキャン新語・流行語大賞で彼の「ととのいました」（なぞかけの用意ができました）というセリフがノミネートされました。いまは全国で単独ライブなどをおこなっているようです。

「なぞかけ」は、「Aと掛けましてBと解きます。その心は、X」という形式で成立します。たとえば、「雪と掛けまして、高校野球と解きます。その心は『ケッショウが見物《みもの》でしょう』」というものがあったとしましょう。これは「結晶」と「決勝」という同音異義語を利用したものです。大人は瞬時に理解できるでしょうが、このなぞかけの真意がすぐに理解できない子どもたちも多いかもしれません。

さて、ねづっちの即興なぞかけはいま挙げた同音異義語を利用するものだけでなく、実にバラエティに富んでいます。

彼が自身で公開する動画サイト（ねづっちチャンネル）からいくつか「即興なぞかけ」を紹介してみましょう。ライブ形式でおこなっているもので、観客からお題を投げかけてもらい、その場で即座になぞかけを作ってみせるというものです。

たとえば、「『オーバーオール』でお願いします」というリクエストに対して、すぐさま「ととのいました」と準備完了の声を発したねづっちさんは次のように応じました。

「『オーバーオール』と掛けまして、『ハンバーグ』と解きます。その心は『つなぎがあるでしょう』」

ジャンルの異なる名詞の共通項を素早く見出しています。

お笑いコンビのナイツ塙さんの動画チャンネルにもねづっちさんが登場していて、そこでこんななぞかけを披露していました。

「『ゴルフ』と掛けて『ブラジャー』と解きます。その心は『トップ、アンダーを気にしつつラインを確認し、よいしょっと（良いショット）寄せてパットして、最後はカップにおさめます』」

「ゴルフ」と「ブラジャー」の類似性に着目し、ストーリー仕立てにしているのはお見事というほかありません。

さて、この「なぞかけ」は比喩理解に大いに役立つのです。比喩とは「物事の説明に他のジャンルの物事を借りて表現する」技法です。先ほどの二例を用いると、「オーバーオールとはハンバーグのようなものだ」「ゴルフをするのはブラジャーをつけるようなものだ」と言えるでしょう。なぞかけを作るのが得意な人は、比喩の指し示している具体的な物事を瞬時に理解できるスキルを備えているのかもしれません。

いかがでしたか。

人気のあるお笑い芸人は、ことばの一言一句が人々の心に響くからこそ世間から広く支持されるのでしょう。そして、その芸の神髄を心から楽しむことができれば、自身の日本語運用能力を高める良い教材になり得るのです。

第2章

ことばを通して見える世界

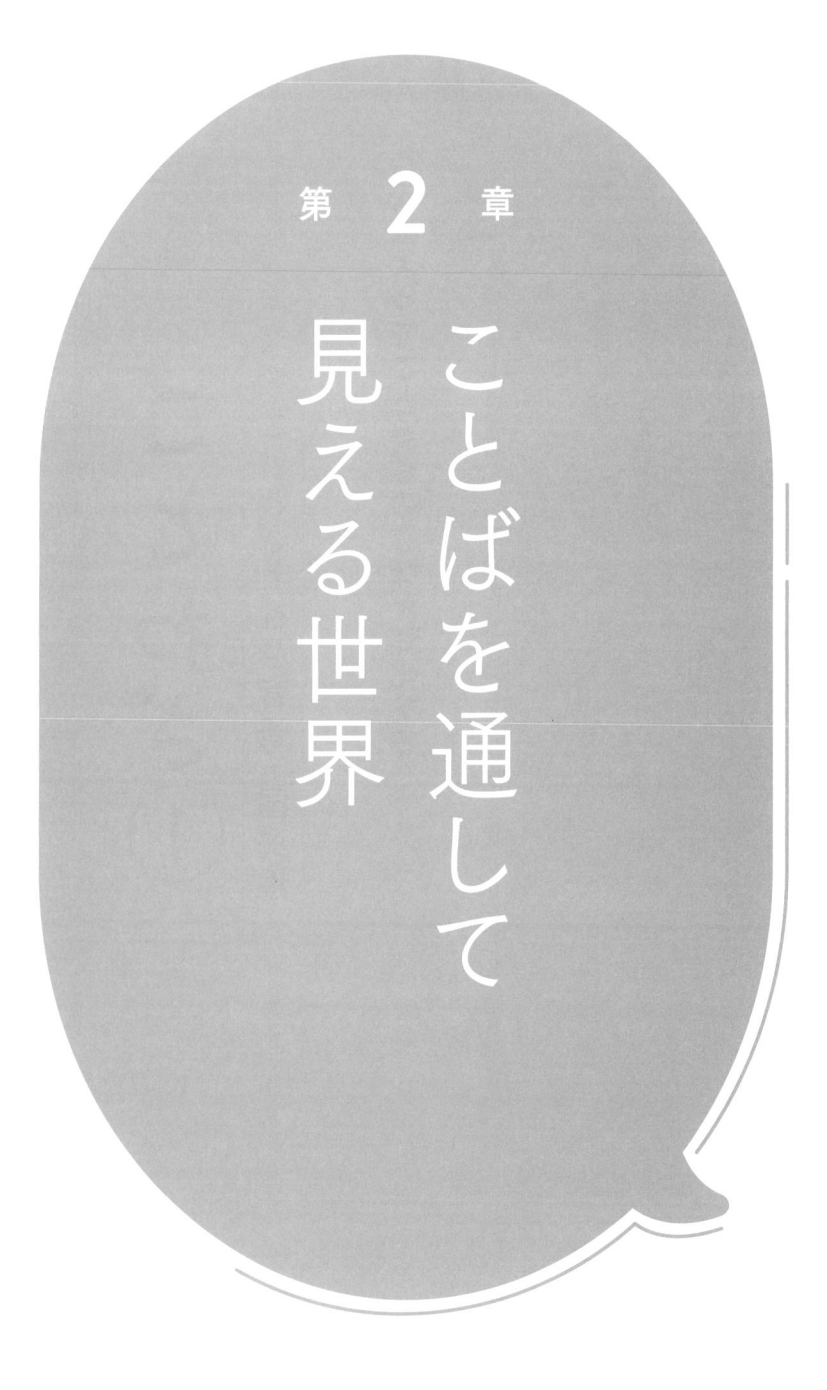

THEME 6

ことわざ①

ことわざと社会背景・国民性

時代によってことわざの意味が変化する?

問 次のことわざと反対の意味のことわざを後から選び、記号で答えなさい。

1. あとは野となれ山となれ
2. 君子は危うきに近寄らず
3. 善は急げ
4. とんびが鷹を生む

5 船頭多くして船山に上る

ア　蛙の子は蛙　イ　河童の川流れ　ウ　虎穴に入らずんば虎子を得ず

エ　三人寄らば文殊の知恵　オ　急いては事を仕損じる

カ　立つ鳥あとをにごさず

2017年度・光塩女子学院中等科（第1回）▼答えはP93

光塩女子学院中等科の問題を紹介しましたが、**反対の意味のことわざを答えるこの手のタイプの問題は中学入試頻出です。**

一方で、似たような意味同士のことわざもたくさん存在します。たとえば2013年度玉川聖学院中等部（第3回）では「反対の意味」「似たような意味」のことわざ双方の理解を試す問題を出しています。「念には念を入れよ」の同類のことわざとして「石橋を叩いて渡る」、「果報は寝て待て」の反対のことわざとして「蒔《ま》かぬ種は生えぬ」を選ばせる問題です。

大人にとっては平易なレベルではないでしょうか。しかし、このようなことわざなど普段あまり使用しない子どもたちは頭を抱えてしまうかもしれませんね。

さて、いま「果報は寝て待て」と「蒔かぬ種は生えぬ」は反対の意味であるとしました。前者は「幸福が訪れるのは自分の力だけではどうにもならないのだから、焦らずに好機がやってくるのを待とう」という意味であり、後者は「何もしないではよい結果は得られない」という意味です。よく考えてみれば、この例のように反対の意味のことわざが長く日本で用いられているのは矛盾していますよね。一体どちらの言い分に正当性があるのかが判断できません。大変興味深いのは、江戸時代の1645年刊の俳諧作法書・撰集である『毛吹草《けふきぐさ》』に「くはほうはねてまて」「まかぬたねははえず」の2つのことわざの記述が登場している点です。何だかおかしいですね。

しかしながら、その人物の性格面や置かれた状況などを考え、「果報は寝て待てというではないか」とアドバイスを送るのか、「蒔かぬ種は生えぬというじゃないか」と切言するのかをわたしたちは使い分けます。ですから、矛盾したことわざが2つあったとしてもそれはちっとも不自然なことではないでしょう。

あるいは、そのときの社会的背景によって、その使い分けがなされるのかもしれません。平穏な時代であれば「果報は寝て待て」が好んで使われるように思いますし、戦乱などが頻発するような激動の時代であれば、「蒔かぬ種は生えぬ」が好まれるような気がします。

そういえば、一つのことわざであっても、使用する人たちによってその意が反対になってしまう場合があります。

皆さんは「転石苔《てんせきこけ》を生ぜず」（A rolling stone gathers no moss.）ということわざをご存じですか。これはもともとイギリスで生まれたことわざであり、「職業や住居を変えてばかりいる人は、地位も財産もできない」という意味で用いられていたのです。ところが、このことわざがアメリカに「輸出」されると今度はこれが「活発な活動をしている人は時代に取り残されることはない」という意味で使用されるようになりました。イギリスは「苔」をプラスのものと見なす一方、アメリカでは「苔」をマイナスのものとしているのですね。

その国の社会情勢や国民性といったものが影響しているのでしょう。

日本でも時代とともに意味の変わりつつあることわざがあります。

その一例として「情けは人のためならず」があります。本来は「人に親切にすれば、その相手のためになるだけでなく、やがてはよい報いとなって自分にもどってくる」という意味でしたが、最近は、誤用とされる「親切にするのはその人のためにならない」の意味に受け取られる場合が多くなっています。「人のためならず」は、文法上は「ためではない」と理解するのが正しいのですが、「人のためにならない」の意味に取られているのです。

文法上の取り違いが原因になっているのでしょう。加えて、「自己責任」がなにかと叫ばれる昨今、新しい意味のほうがしっくりくる人が増えているのかもしれません。２０１０年の文化庁の調査によると、このことわざを本来の意味で用いているのか、誤りとされている意味で用いているのかは、ほぼ半々に分かれたそうです。

「縁の下の力持ち」ということわざは本来の意味が薄れて使用されていると言われています。もともとは「人目につかない報われない仕事」を意味していました。ところが、昨今は「彼は委員長の縁の下の力持ちとしてその手腕を発揮している」といったように、「人の陰で努力・尽力する賞賛されるべき行為」としてこのことわざが用いられることが多くなっています。「縁」の「間接の原因」という意味から「人と人とのめぐり合わせや結びつき」という意味にスポットが当たった結果なのでしょう。

慣用句でも同じような現象が見られます。

たとえば、「気が置けない」がそうですね。もともとは「相手に気づまりや遠慮を感じない」様子を表していましたが、最近はこれを「相手に心を許せない」様子という反対の意味で用いられることがよくあるようです。皆さんはどちらの意味だと思われていましたか。

「琴線《きんせん》に触れる」もその意味が取り違えられやすい慣用句です。本来は「良いものや、素晴らしいものに対して感動すること」を意味していましたが、最近はこれを「(人の)怒りを買うこと」として用いる人が増えているようです。おそらく、「琴線」と「逆鱗《げきりん》」を混同してしまっているからでしょう。これは明らかな誤用ですが、この意味で用いる人たちが大半を占めるようになると、辞書にこれが新しい意味として掲載される日がくるのかもしれません。

このように、**古くから受け継がれてきたことわざや慣用句であっても、これから先その意味が変化する可能性を秘めているものがたくさんあります。**ことばとはつくづく生き物のようだと感じさせられます。

入試問題の解答（88ページ）

❶ カ　❷ ウ　❸ オ　❹ ア　❺ エ

THEME 7

畳語

細部に宿るニュアンス

「畳語《じょうご》」の意味が変化している？

問　日本語には、畳語と呼ばれる同一の単語を重ねて一語とした言葉がある。次の各文の空らんにあてはまる畳語を〔　　〕内の意味を参考にして考え、■部分に入るひらがなを後の**1**〜**5**から選び番号で答えなさい。ただし、□・■・○はそれぞれひらがな一文字分を示し、同じ記号には共通したひらがなが入る。なお、濁点がつく場合にも同じひらがなと考える。必ず例を参考にすること。

例　□■□■な種類のスポーツをたしなむ。〔いろいろ〕

↓空らんには「さまざま」が入るので、答えるべきひらがなは「ま」となる。

ア　新製品であるにもかかわらず、□○■□○■傷がある。〔いくつかの箇所〕

1　ひ　2　さ　3　ろ　4　つ　5　か

イ　□■□■心配していたことが起きてしまった。〔前もって〕

1　す　2　ね　3　つ　4　る　5　こ

ウ　散歩□■□■買い物に行く。〔ついでに〕

1　に　2　き　3　り　4　た　5　お

2019年度・慶應義塾中等部（一部抜粋）▼答えはP101

わたしたちは日常生活の中で、「わかわかしい」「たかだか」「いろいろ」などの副詞、「きらきら」「さらさら」などのオノマトペ、「ひとびと」「われわれ」「かみがみ」などの名詞など、語や語の一部を繰り返す表現を用いています。

これらの表現を「畳語／reduplicated word)」といいます。

アは〔いくつかの箇所〕なので全体が傷ついているわけではなく、部分部分にそれが認められるのですね。正解は「ところどころ」になります。

イはなかなか難しいかもしれません。〔前もって〕を示す畳語、漢字では「予予」とも書き表すものをご存じでしょうか。正解は「かねがね」です。

ウはある動作のついでに別行動を取ることを意味する「かたがた」です。

どうでしたか。言われてみれば……と思っても、ひらめくまで苦心しそうです。

ついでにもうひとつ問題に取り組んでみましょう。先の問題を大人用に少々難し目にアレンジしてみました。

問 日本語には「畳語」と呼ばれる同じ音や単語を繰り返して使うことばがある（たとえば、「淡々（たんたん）」「散々（さんざん）」など）。次の各文の空欄に当てはまる畳語を〔　〕内の意味を参考にして答えなさい。ただし、□△○はそれぞれひらがな一文字分を示し、同じ記号には共通したひらがなが入る。なお、濁点がつく場合にも同じひらがなと考えること。

❶ あの先生のアドバイスはとても大事だから□△□△忘れてはいけないよ。〔決して〕

❷ 転校で友人と別れるのはつらいが、一方で新天地での生活に心躍るので悲喜□△□△だ。〔かわるがわる〕

まず、❶。正解は「ゆめゆめ」ですが、これは「夢々」と書くのではなく、「努々」と書きます。禁止を表すことばを修飾する場合は「決して」「断じて」の意味が、打ち消しのことばを修飾する場合は「少しも」「まったく」の意味となります。

次に❷の正解は「こもごも」。大人にとってこれはさほど難しくなかったのではないでしょうか？　「こもごも」は「交々」と書きます。「悲喜交々」とは「悲しいこと、嬉《うれ》しいことを（個人が）かわるがわる味わう」という意味です。ですから、たとえば「合格発表の掲示板の前では悲喜交々の光景が見られた」などといった「悲しむ人と喜ぶ人が入り乱れる」の意は誤用なのですね。あくまでも個人の心情変化を指しているのです。

冒頭に紹介したような畳語が中学入試で単独問題として出題されるのは大変珍しいことです。むしろ、空欄補充で畳語を補う形式の問題が頻出します。いずれにせよ、知らない畳語が文章に登場したときに、どのような意味のことばなのかをすぐに考えるくせを子どもたちには身につけてほしいものです。**畳語に込められた意味に目を留めることは、それが含まれている一文の意味をつかむうえでも大変有益です。**

さて、「畳語」、すなわち、語や語の一部をあえて繰り返すことにどのような意味があるのでしょうか。従来言われているのは次の3パターンです。

1 名詞の複数形 例 人々、国々、日々、我々、など
2 動作の継続あるいは反復 例 きらきら、ひらひら、転々、など
3 意味の強調 例 ますます、いちいち、たびたび、など

先に解いた問題に登場した畳語に目を通しても、右の**1**〜**3**のどれかに相当することが理解できるでしょう。なお、**2**のように繰り返されることから**3**の強調の意が生じたと考えられます。**3**は連用修飾の役割のある副詞が多いのも特徴的です。

しかし、最近新たに登場した「畳語」に目を向けるとちょっと事情が変わってきます。

たとえば、「ほぼほぼ」という畳語はどうでしょうか。

「ほぼ」とは、「全部あるいは完全にというわけではないが、それに近い状態にあること」を意味するとされています。完全を1とすると、0・9くらいのイメージでしょうか。そう考えると、「ほぼほぼ」を右の**3**の「意味の強調」とすると、「0・9×0・9＝0・81」となり、その値は小さくなるはずです。でも、果たしてそうなるでしょうか。次の

2つの文を見比べてみましょう。

例　その意見にほぼ同意します。／　その意見にほぼほぼ同意します。

どちらがその「同意度」は高いでしょうか。後者の「ほぼほぼ」ですよね。先の数値を用いると、「ほぼ」の0・9が、「ほぼほぼ」で0・98くらいになりそうです。

最近、営業畑でやたらと連呼される畳語をご存じでしょうか。「いまいま」と「すぐすぐ」です。実際、わたしもこんな営業電話に出くわしたことがあります。

例　「はじめて電話する者です！　いまいまお時間はございますか？」（広告代理店の営業）
「ええ、矢野さんにはすぐすぐにご検討をお願いしたいと思いまして連絡をいたしました！」（求人媒体の営業）

一聴すると、『いま』という時間軸の中でのこの『瞬間』」、『すぐ』という時間軸の中でのこの『瞬間』」といった意味で使われていそうです。そう考えると、先の**3**に相当するのでしょう。でも、本当にそうでしょうか。ここで立ち止まって考えてみましょう。

これらの畳語が向けられている対象は顧客（顧客候補）、すなわち、営業担当が下手《したて》に出るべき人間です。つまり、「いまいま」「すぐすぐ」が強調を表すなら、それは相手を急《せ》かしているような響きを持つことになり、相手に対して無礼なことばになってしまいます。

わたしはこれらの畳語には「縮小義」の働きがあるのではないかと睨《にら》んでいます。「縮小義」とは「弱意化」のことです。

主に宮崎県、鹿児島県で使用されている方言で「てげ」という表現があります。「大概、たいそう、ずいぶん、かなり」を意味します。たとえば、「てげねみぃ」とは「とても眠い」ということ。ところが、「てげ」が畳語化し「てげてげ」になると、途端に縮小義となるのです。たとえば、「あの人はてげてげやもんね」と言えば、「あの人は適当だからね」という意味となります。「てげてげ」とは「適当、だいたい、ほどほど」を表します。

話を戻しましょう。先の「いまいま」「すぐすぐ」という畳語はこの「てげてげ」と同様の働き、すなわち「縮小義」となるのではないでしょうか。先の例文を言い換えてみましょう。

「はじめて電話する者です！　お忙しいとは思うのですが、ほんの少し『いま』というお時間をお借りできませんか」

「ええ、矢野さんには『すぐ』動いてもらうのは難しいかもしれませんが、もしよろしければお早めにご検討をお願いしたいと思いまして……」

このように、「いまいま」も「すぐすぐ」も相手（顧客）に対しての配慮を働かせる「縮小義」の役割があるのだとわたしは考えます。そう分析すると、営業畑でこの手の畳語が生まれやすいことにも合点がいきます。

日常生活の中で新鮮な響きを持つ畳語に出会ったら、そこには一体どのような意味が込められ、効果を生み出しているのかをじっくり考えるのも楽しいかもしれませんね。

入試問題の解答（94ページ）

ア　3
イ　2
ウ　4

THEME 8

心情語

語彙の貧困が招くフィーリングプア

数多くの「心情表現」を獲得しよう

問 次の❶〜❸の各文の（　　）に入れるのにふさわしい語を後のア〜カからそれぞれ一つずつ選び、記号で答えなさい。ただし、同じ語を2度は使わないこと。

❶ 妙な場所で電車が停車したことを（　　）思った。

❷ 彼の演奏はあまりにも（　　）て、批評のしようがなかった。

❸ なかなか返事が来なかったので、（　　）てしかたがなかった。

ア　おびただしく　イ　いかめしく　ウ　つたなく　エ　もどかしく
オ　いまわしく　カ　いぶかしく

2022年度・高輪中学校（A日程）▼答えはP110

わたしは塾で子どもたちの国語指導を始めてから30年近く経ちますが、最近の子どもたちは、表情を見るだけでは、何を思っているのかが分かりづらいように感じています（コロナ禍でマスクを着用するようになってからはなおさらです）。昔は同じように授業を黙って聞いていても、ちょっとした顔の表情や目の動きなどで「この子は理解できているな」と判断することができたのですが、いまはそういったシグナルが乏しいように思えてならないのです。

なぜ子どもたちの表情が乏しくなっているのでしょうか。わたしは「語彙力の低下」がその一因になっているのではないかと睨《にら》んでいます。そして、その中でも**子どもたちが口にする感情表現のバリエーションが少なくなっていることを問題視しています。**ことばは人が感情を表す重要な手段の1つです。だからこそ、手持ちの感情表現が豊富なほど、表情として表出される感情も豊かになるのではないか……そんなふうに感じています。

たとえば負の感情について、「キモい」「ウザい」「ムカつく」……といった「決まり文句」を反射的に連呼するような子どもはいないでしょうか。いや、子どもに限らず、いい年をした大人でもこのような定型句を連呼する人は大勢いるように感じています。

「ウザい」ということばを例示しましたが、この表現にはそのときの状況や気持ちの細かな差異によって、その「近似値」となるいろいろな心情語が存在しています。「いまいましい」「鬱陶《うっとう》しい」「うんざりする」「げんなりする」「小憎らしい」「癪《しゃく》に障る」「鼻につく」「不快だ」「迷惑だ」「わずらわしい」などがそれにあたります。

次の例文に目を向けてみましょう。

❶ トイレの壁に貼ってある日本地図、ウザいから外していい？
❷ 家に帰るまでが修学旅行です、なんて校長先生がまた同じ話をしたのでウザい。
❸ 弟は、年下のくせに姉の私に生意気な口を利くのでウザい。

❶、❷、❸にはどれも「ウザい」という表現が使われていますが、それぞれの気持ちは異なります。この場合、❶は「鬱陶しい」、❷は「うんざりする」、❸は「小憎らしい」な

どといった心情表現がぴったりきます。

すなわち、何でもかんでもマイナス表現を「ウザい」と発することで済ませてしまうと、そのときどきの微妙な心情を表すことばが使えなくなってしまいます。

国語の物語文の読解問題で最も多く出題されるタイプの問題は「心情把握」です。また、近年は「心情記述」を求める学校が増えています。手持ちの心情語が多ければ多いほど、この手の問題で有利に働くのは間違いありません。

入試でよく問われる心情語を使ったオリジナル問題に取り組んでみましょう。まずは、動詞・形容詞・形容動詞の形を持つ心情語の問題です。

問　次の傍線部に最も近い心情語を考え、適当なものを記号で選びましょう。

❶ 先生は満点だとほめてくれたが、カンニングをしてしまったとは言い出すことができず、ぼくはただうつむくしかなかった。

ア　なやむ　　イ　うしろめたい　　ウ　うらめしい

❷ 公園のベンチの下に2匹の子犬が捨てられていて、わたしはかけよっていって抱

きしめたくなった。

ア　いとおしい　イ　開き直る　ウ　すくみあがる

❸ 楽勝だと思っていた相手にボロ負けしてしまい、わたしたちは応援席に目を向けられず、ベンチにとぼとぼ歩いていった。

ア　みじめだ　イ　切ない　ウ　あせる

正解は、❶イ、❷ア、❸ア、です。それぞれの心情語の意味を正しく知っていますか？

❶イ「うしろめたい」

自分に悪いと思うところがあり心が苦しくなる、という意味です。語源は諸説ありますが、「後ろ辺痛し」あるいは「後ろ目痛し」という表現から成立したという説が有力です。「気まずい」「やましい」は類語。高学年になるとよく登場することばです。

❷ア「いとおしい」

かわいくてしかたがない。または、たまらなくかわいそうである、という意味があります。後者は「同情する」とほぼ同じ意味。文脈によりどちらの意味か判断しなければならないので注意が必要です。「いとしい」は同義語。なかなか説明しにくいことばです。

❸ア「みじめだ」

かわいそうで見るにしのびない、いたいたしい。または、自分でもひどく情けないと思う、という意味があります。「みじめ」は「惨め」と書き、「惨」は本来「心を激しく痛める」という意味を持つ漢字です。正しい意味が理解されずに使われることばです。

次に名詞形の心情語についての問題に挑戦してみましょう。オリジナル問題ですが、こちらはすべて慶應義塾中等部の読解問題の選択肢に登場した心情語からセレクトしています。大人でも難しいものがあるかもしれませんね。

問　次の傍線部に最も近い心情語を考え、適当なものを記号で選びましょう。

❶ 不自然な出張が問題視された県議会議員は、その追及を逃れようとして病院に長

期入院した。

ア 感服　イ 姑息　ウ 鷹揚

❷ ワールドカップにはじめて出場する選手が緊張していたので、監督はその選手の背中を荒々しくたたいてアドバイスをした。

ア 鼓舞　イ 絶句　ウ 逡巡

❸ 体を酷使するとトレーニングは辛いのでさぼりたいが、それをしないとレギュラーに選ばれそうもない。わたしはどうするべきか、その心は揺れていた。

ア 辟易　イ 悶々　ウ 葛藤

正解は、❶イ、❷ア、❸ウ、です。先ほどと同じように意味を確認しましょう。

❶イ「姑息」

根本的な解決をせずに、一時的な間に合わせをしようとするずるい気持ち、という意味です。「姑」は「しばらく」、「息」は「休息する」ということで、もともとは「しばらく休む」という意味でしたが、いつしか「その場しのぎ」というニュアンスで使われるようになりました。物語文でたまに見かける熟語です。

❷ア「鼓舞」

人の気持ちを奮い立たせたり、勢いづかせたりする働きかけをおこなうことです。漢字を見ると分かりますが、もともとは太鼓を打ち鳴らすことで舞の助けをおこなうことから生まれました。読み方にも注意したい熟語です。

❸ウ「葛藤」

心の中に相反する動機や欲求、感情などが存在し、どちらをとるか悩むという意味となります。「葛《かずら》」も「藤《ふじ》」もつる性の植物です。そのつるが互いにからみあうことからこのことばが生まれました。

さて、わが子が豊富な語彙を持ってはいるものの、他者との円滑なコミュニケーションのためにあえて限られた心情語を発しているのであれば問題はないでしょう。しかし、**語彙の貧困が原因でフィーリングプア（表情の乏しい状態）に陥っている子は、自身の感情**

を相手にうまく伝えられないばかりか、相手の気持ちを読み取る能力も低くなってしまう傾向にあります。すなわち、他者とのコミュニケーションに大きな悪影響が出ることだって考えられるのです。これはこわいことです。もし、わが子にそんな悪しき傾向が見られれば、親は子の語彙力向上のために、子にとことん付き添ってやるべきだとわたしは考えます。

先述しましたが、子どもだけでなく社会人の大人でも、「ウザい」「ヤバい」「キモい」といったことばを連発し、使える心情語が未熟だと思わざるを得ない人が少なくないです。まずは親自身がわが身を振り返ることが必要です。そのうえで子どもに対しても、心情語を意識して発することで、子どもの語彙力を高めていってほしいと願っています。

入試問題の解答（102ページ）
❶ カ　❷ ウ　❸ エ

THEME 9

多義語名詞

一つのことばが持つ多面性に気づく

多義語名詞の使い分けに気をつけよう

問 辞書をひくと、一つのことばにいろいろな意味が書かれているものがあります。次の❶～❷は、どのことばをひいた時に出てきた意味だと考えられますか。その答えとしてふさわしいものを後のア～オの中からそれぞれ一つずつ選び、記号で書きなさい。

例 方法・手段（答・ア）→〈用例〉「そのてがあった。」

ア て　イ はら　ウ ゆび　エ こし　オ せ

❶ 最も美しい時期、最もさかんな時期

ア もり　イ かわ　ウ つき　エ うみ　オ はな

❷ できごと・経験

ア あたま　イ みみ　ウ め　エ くち　オ あし

２０１８年度・共立女子中学校（2月2日入試）▼答えはP120

わたしたちの身近にある**「普通名詞」**は、**そのことば本来の意味（これを「基本義」と言います）以外にも、その基本義から派生してさまざまな意味が生まれやすい**ものです。たとえば、先の共立女子中学校の入試問題で例示された「手」という名詞のいろいろな意味について例文を挙げつつ見ていくことにしましょう。

「手」

〈基本義（本来の意味）〉

●人体の左右の肩から出ている長い部分。手首から指先までを指すこともある。

〈基本義から派生したさまざまな意味〉

❶ それは名案だ。事態の改善を図るにはその手があったか。【意味＝手段・方法】
❷ この織物は手のこんだ有名な伝統工芸品だ。【意味＝手間・手数】
❸ 年末はあまりに忙しく、手が足りないので途方に暮れる。【意味＝働く人・労働力】
❹ 右手には敵が大勢待ち構えていて絶体絶命の危機である。【意味＝方面・方向】
❺ 受け手に配慮してことばを慎重に選んだ。【意味＝そのことをする人】

どうでしょうか。**「手」という名詞にはこんなにもいろいろな意味があるの**です（厳密にはもっと多くの意味が存在します）。

❶の意味は、将棋や囲碁での指し手から生まれた可能性があります。「いい手ですね」などと言うでしょう。❷は手を使ってあれやこれや技を繰り出す様からこのような意が生じたのでしょう。❸は仕事をおこなうには手を動かさなければならない、つまり、働く人が多ければ多いほどその手の数が多くなることから「働く人、労働力」を表すようになったと考えられます。❹は人の身体の横に付いている「手」の位置から「方面・方向」をいつしか意味するようになったのでしょう。最後の❺は「受け手」「話し手」「聞き手」「書き手」などの例がありますが、「人間」の行為を表す際に、人間の一部である手で人間を表し

たことからこういう意味が生まれたのでしょうね。

いずれにせよ、「手」という基本義からいろいろな意味が派生しているのです。

代表的な多義語名詞をその基本義とともに、例文・意味を一覧化しておきます。

なぜそのような意味が生まれたのか。親子で基本義に目を留めて、そこから派生した理由を考えてみるのも面白いでしょう。

顔		
基本義	頭部の前面で、目、口、鼻などのある部分。顔立ち、容貌。	
❶	わたしの紹介した人に無礼を働くなんて、顔を潰す気か。	意味 体面・面目・名誉
❷	彼はどうしてあんなに大きな顔をするんだろう。	意味 態度
❸	わたしの父はこの業界に顔が利く。	意味 知名度・勢力・影響
❹	富士山は日本の顔ともいえる。	意味 代表・典型となるもの
❺	先生は悲しげな顔でこちらを見た。	意味 表情

語	番号	例文	意味
口	基本義	**人などの生き物が飲食物を取り入れる部分。消化器系の開口部。**	
口	1	それでは渋谷駅の南口で待ち合わせをしよう。	人や物の出入りするところ
口	2	事務員の口があるけれど、あなたは興味がありますか。	就職先、落ち着く先
口	3	あそこの店のカレーライスは相当甘口だね。	種類・たぐい
口	4	お客様のお口に合うかどうか心配です。	味覚、食べ物の好み
口	5	彼は口が達者すぎて、たびたび周囲から嫌われる。	ものを話すこと
口	6	こんな暑さはまだほんの序の口だよ。	物事の初め、発端
口	7	手の傷口がずきずきと痛む。	外部に開いたところ、穴
花	基本義	**種子植物の、有性生殖をおこない、がくや花びらなどからなる器官。花が咲く植物。**	
花	1	容姿端麗な彼女はまさに学校の花というべき存在だ。	代表的で華やかなもの
花	2	いま振り返れば、独身時代が花だったよ。	最も良い時期

語		例文・定義	意味
花	基本義	**種子植物の有性生殖をおこない、がくや花びらなどからなる器官。花が咲く植物。**	
	③	お花の師匠のもとへプレゼントを贈った。	生け花、華道
	④	暖かくなって、花の便りもきかれるようになった。	桜の花
道	基本義	**人や車、船などが往来しやすいように整備されたところ。通路・道路・航路。**	
	①	旅先から帰る道で何かお土産を買っていこう。	途中・途上
	②	その大統領は世界平和への道を模索している。	みちすじ
	③	彼は中学を卒業してから人としての道を踏み外した。	物の道理・道徳
	④	わたしは音楽の道をきわめたいと夢を見ている。	分野
	⑤	あの不幸な人を救う道は残されていないのだろうか。	方法・手段
山	基本義	**陸地の表面が周辺より高く盛り上がったところ。**	
	①	夏休みは宿題の山に頭を抱えている。	数量が多いこと

語	番号	例文	意味
山	②	あのトラックには山と積まれた荷物がある。	高く積み上げたもの
山	③	数か月間取り組んできた仕事が山を越えた。	重要な部分
山	④	時間がないので、試験は山を張ることにした。	賭け・予想
風	基本義	**ものを吹き動かす、涼しさや冷たさなどを感じさせる空気の運動。**	
風	①	敵の連続エラーで、こちらのチームに風が吹いている。	勢いのある様子
風	②	ここ最近、世の中の風は冷たくなってしまったものだ。	動きやありさま
風	③	あの男はすぐに先輩風を吹かせるので、腹が立つ。	そぶり・わざとらしさ
赤	基本義	**三原色の一つで、新鮮な血のような色。**	
赤	①	わたしの答案に先生が赤を入れてくれた。	採点・添削・校正
赤	②	会社の売上は減少していて、とうとう赤になってしまった。	損すること
赤	③	街で親とすれちがったが、赤の他人のようにふるまった。	まったくの・明らかな

漢字	番号	例文	意味
赤	基本義	三原色の一つで、新鮮な血のような色。	
	4	会議は異論が飛び交い、その運営に赤信号がともった。	危険な・困難な
星	基本義	夜空に点々と小さく光っている天体。	
	1	大事な試合の星を落としてしまった。	勝負
	2	ここで彼女と出会えたのは星のめぐりあわせとしか思えない。	運勢・吉凶
	3	新入社員の彼はわが社の希望の星である。	花形・スター・代表者
	4	文章の中の重要語句に星を打った。	丸くて小さな点
人	基本義	生物学上の分類としての「人間」。	
	1	最近の日本は裕福な人が減っているらしい。	個々、特定の人間
	2	彼は日本のスポーツ界では得難い人だ。	人材
	3	いきなりそんなことを言うなんて、あなたも人が悪いな。	性格

語	番号	例文	意味
人	4	人の目を気にしてびくびくしていてもつまらないよ。	世間
人	5	人に迷惑をかけてはいけない。	他人
人	6	もう人のことは放っておいてくれよ。	自分
色	基本義	波長の違い（色相）によって目の受ける種々の感じ。色彩。	
色	1	彼女は抜けるように色の白い人だ。	肌の色
色	2	ニュースを耳にした彼は驚きの色を隠せなかった。	表情
色	3	男は急に目の色を変えて怒り出した。	目つき
色	4	何度注意しても反省の色が見られない。	態度・そぶり
色	5	森に行くと、秋の色が濃くなっていることが分かる。	気配
色	6	彼女の存在はこの会議に色をそえている。	華やかさ
色	7	泣いている子どもに優しい声色で話しかけた。	音・声の響き

味

基本義　舌でとらえる甘辛やおいしいまずいなどの感じ。

❶ 特に最近、あの俳優の演技はいい味が出ている。
意味　優れた性質

❷ つらかった練習を思い浮かべ、勝利の味をかみしめた。
意味　体験・経験から得た感じ

❸ プロポーズに打ち上げ花火を用意するとは、彼はなかなか味なまねをする。
意味　気の利いた・しゃれた

入試問題の解答（111ページ）
❶ オ　❷ ウ

THEME 10

多義語動詞

核となる意味をつかみ取る

日常的によく使う「動詞」にはたくさんの意味がある

問　次の例のように、❶～❸で示された意味を表すことばをひらがなで答えなさい。

例
・囲碁・将棋などで先の手を考える。
・顔色から気持ちを考える。
・詩歌を作る。

≫　答え：**よむ**

❶ ・鑑定する　・世話をする　・ためす　・服の生地などを切る
❷ ・出発する　・続けていたことを止める　・文字などを入力する
❸ ・強い感動を与える　・芝居を興行する

2019年度・早稲田実業学校中等部▼答えP132

わたしたちが日常的によく使用する「動詞」であればあるほど、いろいろな意味があるものです。こういう類《たぐい》の動詞を「多義語動詞」といいます。早稲田実業学校中等部では、複数挙げられている意味に共通する動詞を解答させるという問題を出しました。これは大人にとってもなかなか手強《てごわ》いレベルではないでしょうか。

それでは問題の解説をおこないましょう。

この手の問題は簡単な例文を頭の中で作成してみると取り組みやすくなります。たとえば、❶〜❸それぞれに次のような文を用意してみましょう。

❶ 宝石の価値を鑑定する。／姉が弟の世話をする。／相手の出方をためす。
❷ 朝早くに出発する。／大好きなお酒をやめる。／ハサミで布を切る。

❸ その映画は多くの人々の心に感動を与える。／大きな会場で演劇を興行する。／パソコンであいさつ文を入力する。

このような例文を作ったら、今度は傍線部の動詞の部分（その動詞の意味となる部分）に空欄を設けましょう。次のようになりますね。

❶ 宝石の価値を□。／姉が弟の□。／相手の出方を□。
❷ 朝早くに□。／大好きなお酒を□。／ハサミで布を□。
❸ その映画は多くの人々の心に□。／大きな会場で演劇を□。／パソコンであいさつ文を□。

このようにすると正解を思い浮かべやすくなります。正解は❶が「みる」、❷が「たつ」、❸が「うつ」となります。

なぜ、この問題ではひらがなで正解を書かなければならないのでしょうか。それは、**同じ読み方であっても異なる漢字をあてるものがある**からです。たとえば、❷の「たつ」は上から「発つ」「断つ」「裁つ」となります。これを「同訓異字」(同じ訓読みでも意味によって異なる漢字をあてるもの)といいます。

多義語動詞の分別が苦手な中学受験生は多いと感じています。

決して出題頻度が高いとはいえない分野であり、多義語動詞を集中して学んでいる受験生は少ないであろうと考えられます。その分、**もしこの手の問題が出題された際には差をつけることができますし、さらに多義語動詞を学んでおくと文章を一読する際の理解度が格段に高くなるという「副産物」もあります**(たとえば、ひらがなで書かれている「たつ」が「断つ」という漢字であるにもかかわらず、「立つ」という漢字をあてると思ってしまうと、誤読の原因になりかねません)。

他にも灘中学校(2017年度)でも同様の問題を出題しています。「水をまく」「目盛りをつける」「芝居をおこなう」「網を広げて投げる」は、どのような動作を表すことばの説明でしょうか？ 答えは、「うつ」です。その他、「かかる」「つる」「とおる」ということばが答えになる問題が続き、冒頭の早稲田実業中等部の問題よりさらに難しいのではないかと感じます。

先述しましたが、日常的に使用する基本的な「動詞」であるほどさまざまな意味が存在しています。たとえば、「とめる」という動詞には次のような意味があります。

❶（人やものが）活動している状態を動かないようにしたり、中断したりする。

例 赤信号になったので運転手がバスを止める。
水の中で1分間息を止める。
新型コロナウイルスの影響で政府が人々の出国を留める。

❷ 動いたり離れたりしないように固定する。

例 教室の壁にポスターを留める。

❸ はっきりと感覚を残す

例 わたしは少女が笑っている看板に目を留める。

❹ 同居人以外の人に自宅などを宿として提供する。

例 わたしの家に学校の友人を泊める。

なぜ、「とめる」という動詞には右の四つの意味（多義）が生まれたのでしょうか。
ここでは目をつぶって「とめる」という動作を思い浮かべてください。

多くの人はきっと誰かが手で何かをおさえている動作を想像するでしょう。これが、大半の人が直観的に感じる意味であり、「基本義」と言います。この動作が4つの意味にそれぞれ影響を及ぼしているのです。

❶でいえば、赤信号を「手」に見立てると、バスの進行をおさえているという意味になります。そして、2つ目の例文では、水中にいながら自らの手で唇をおさえる、ふさぐ光景が見えてきませんか。また、3つ目の例文では、政府を擬人化してみれば、「外国へ行くのはおよしなさい」と（政府が）手で出国しようとする人々をおさえようとしているという見立てが可能です。

❷の「動いたり離れたりしないように固定する」は、ポスターを壁に手で押し付けて、画鋲《びょう》などで貼る（固定する）様子が浮かびます。

❸の「はっきりと感覚を残す」は、❷の「動いたり離れたりしないように固定する」から派生したものと考えられますね。目が「釘付け」になる、すなわち、目がある一点に向けて固定されるというようにとらえることができます。「手」で固定するのイメージを拡張したもので、間接的な影響が感じられます。

また、「泊める」という漢字をあてがう❹の「同居人以外の人に自宅などを宿として提供する」については、❶「(人やものが) 活動している状態を動かないようにしたり、中断したりする」から派生したものとみられます。

このように考えていくと、基本義からいろいろな意味が新たに生まれる理路が分かりますね。

次に代表的な多義語動詞と基本義、例文とその意味を一覧化します。わたしたちが普段使っている動詞に各々《おのおの》多くの意味があるのが一目瞭然でしょう。

立つ

基本義	**ある場所にまっすぐ縦になっている。起き上がる。**	
❶	人は苦境に立つ経験があるからこそ強くなれる。	意味 ある立場・状況に置かれる
❷	ニュースに取り上げられたおかげで、あの店のうわさが立つ。	意味 世に知れ渡る
❸	食事の途中で手洗いに立つことを許してほしい。	意味 その場を離れる
❹	スタジアムの完成にようやく見通しが立つ。	意味 目標などが定まる
❺	ひいきのプロ野球チームが負けて、気が立つ。	意味 感情がたかぶる
❻	わたしの父は腕の立つ寿司職人だ。	意味 技能が優れる

語	番号	例文	意味
取る	基本義	**手につかんで持つ。**	
	❶	大学生になってから運転免許を取る。	手に入れる
	❷	家に帰って睡眠を取る。	そのことをする
	❸	経済面で後れを取る日本を先進国と呼んでもいいものか。	よくない結果を招く
	❹	1回戦で負けたため、監督は辞任して責任を取る。	自らのこととして引き受ける
	❺	メールで取引先とコンタクトを取る。	連絡をつける
晴れる	基本義	**雲や霧が消える。雨や雪が降りやむ。**	
	❶	ハッピーエンドのドラマを見て、すかっと気分が晴れる。	悩みが消えてさっぱりする
	❷	一度捕まったが、いろいろ調べた結果容疑が晴れる。	罪や疑いなどが消える
	❸	山に登ると、町の全体がはっきりと晴れる。	見晴らしがきく

語	番号	例文	意味
切る	基本義	つながりのあるものを断ったり、付いているものを離したりする。刃物などで分け離す。	
切る	1	楽しみにしていたコンサートが幕を切る。	意味 行動を起こす
切る	2	洗濯物の水気をよく切る。	意味 取り去る
切る	3	長編の小説を三日間で読み切る。	意味 事を終える
切る	4	ずっと話していた彼が突然その話題を打ち切る。	意味 中断する・分断する
切る	5	時間をかけてトランプを切る。	意味 混ぜ合わせる
刻む	基本義	刃物でものを細かく切る。	
刻む	1	おじいさんの大きな古時計が時を刻む。	意味 継続・進行する
刻む	2	先生がおっしゃったことをしっかり胸に刻む。	意味 記憶する
刻む	3	不要になった木材を使って仏像を刻む。	意味 彫りつける
刻む	4	ひどいいたずらをしたことの後悔が身を刻む。	意味 責め苦しむ

語	番号	例文	意味
流れる	基本義	**液体がある方向へ移動する。**	
	1	ベルトコンベアの上を物品が流れる。	物を動かして移す
	2	雨で野球の試合が流れる。	物事が成立しない
	3	大空に白い雲がゆっくりと流れる。	空中を移動する
	4	思い出が目の前を影絵のように流れる。	光景・映像が動く
弾む	基本義	**何かに当たってその反動ではね返る。**	
	1	志望校に合格して、これからの学校生活に心が弾む。	うきうきする
	2	久しぶりに友人と再会して、話が弾む。	勢いに乗って調子づく
	3	遅刻しないように、わたしは息を弾ませて走った。	呼吸が激しくなる

語	番号	例文	意味
踏む	基本義	足で体重をかけて上から押さえる。	
	❶	わたしは初めてアフリカ大陸の土を踏む。	その場に身を置く
	❷	場数を踏むことで、人は慣れてくるものだよ。	経験する
	❸	とても複雑な手続きを踏む。	やり方に従う
	❹	どう踏んでもこの絵は安物だ。	見積もる
	❺	願をかけて、お百度を踏む。	お参りをする
読む	基本義	文字で書かれている文や文章を声に出す。	
	❶	寒暖計の目盛りを読む。	意味を理解する
	❷	そんな発言をした彼女の胸の内を読む。	相手の意図を知る
	❸	高齢化社会の未来を読む。	将来を推察する
	❹	今日のコンサートの参加者数は500人と読む。	数を見積もる

下がる

基本義 高い所から低い所へ移る。

	例文	意味
❶	睡眠不足のせいで仕事の能率が下がる。	力や技量が劣る
❷	昼から夜にかけて気温が一気に8度下がる。	程度が低くなる
❸	電車が来たので白線の内側に下がる。	後ろへ移動する
❹	殿様の前から下がる。	退出する
❺	派手なのれんが下がるお店が気になる。	ぶら下がる

入試問題の解答（121ページ）

❶ みる　❷ たつ　❸ うつ

column2

メタファーは社会情勢を映し出す？

皆さんは「メタファー」という表現をご存じでしょうか。比喩表現の一種である「隠喩」（「ようだ」「みたいだ」といった比喩指標を用いない比喩表現）のことを指しています。今回のコラムではこの「メタファー」をテーマに語っていきたいと思います。

数年前のこと。妻の一言にカチンときたことがあります。

おめでたいことに親類の女性が結婚することになったのですが、そのお相手の男性の職業（国家公務員）を知るや否や、「あの子は『優良物件』をつかまえたね！」と嬉々《きき》として言い放ったのです。

この表現に引っ掛かりを覚えたわたしは、「『優良物件』なんてモノみたいな言い方は相手に失礼では？」と注意。妻からは「は!? 失礼じゃないよ。よく使う言い回しだよ」と言い返されました。彼女に反省の色はまったくなし……。

普段は妻に対してあまりモノを言うタイプの人間ではありませんが、なぜかこの表現にわたしは言い知れぬ嫌悪感を抱いたのです。ひょっとすると、妻のことばの裏側に「あなたは『事故物件』だけどね」というニュアンスを読み取ってしまったのかもしれません……。

話を戻しましょう。

「優良物件」とは本来は不動産用語として使われていた表現です。「立地や建物の条件が良く、その資産価値が長く持続できる（売却時に高値で売れる）物件」を指します。

さて、その「優良物件」がいつのころからか「（主に女性が男性に対して）理想の条件を満たした結婚相手」を指すメタファーとして使われるようになったのです。中には「恋人」や「女性」に適用されることもありますが、その大半は上述した意味で使用されていますので、ここでは「優良物件」＝「男性」で統一しましょう。

その一例としてオンラインメディア記事のタイトルを挙げてみます。

①逃しちゃダメ……！「優良物件男子」の特徴（『マイナビウーマン』２０２１年２月11日）
②実は優良物件!? 絶対に手放すべきでない大当たりな男性の見分け方（『ＴＲＩＬＬ』２０２１年９月５日）

また、Twitter（現「Ｘ」）の検索機能を用いて、「優良物件」を含む呟きがどれくらい発信されているのかを調べてみました。最近１か月だけでも約５００件が見つかったのですが、驚くべきことに不動産用語として登場したのはわずか１割にも満たず、いまやメタファーとしての「優良物件」が大勢を占めています。なるほど、冒頭で紹介した妻の言い分は正しかったのです……。

メタファーとしての「優良物件」を簡単に分析してみましょう。『日本国語大辞典第二版』（小学館）で「物件」を引くと、以下の２つの意味が登場します。

①品物。物品。もの。
②法律上の物。物品などの動産、土地・建物などの不動産の類。

ここで注目したいことがあります。不動産用語としての「物件」とは、「建物」だけではなく、その建物が建てられている「土地」も含まれるという点です。不動産用語の「優良物件」とは資産価値が持続できることや高値で売却できることが条件ですから、それはそうでしょう。

さて、一般的にメタファーが作られる際、「二つの事物の間に観察される類似性認識に基づいて、一方をもう一方で見立てるという構造化がなされる」といわれています。喩《たと》えられる側の概念をターゲット、喩える側の概念のことをソースと呼び分けて、下に図示してみましょう。

これを見ると、「理想の結婚相手」を示す表現として「優良物件」がぴったりであることが納得できませんか？　喩えるものが属するソースから喩えられ

不動産用語としての 「優良物件」 《喩える側（ソース）》		理想の結婚相手を示す 「優良物件」 《喩えられる側（ターゲット）》
人口の増加しそうなエリアにある。	→	社会的地位の高い職に就いている。
新築（築浅）である。	→	初婚である。女性に慣れていない。
建物が綺麗《きれい》、 機能性に優れている。	→	外見が良く、柔軟性のある 性格である。
入居者の属性が高い。	→	養父や養母が人格者。
資産価値が持続できる。	→	実家が「太い」。 安定した収入がある。
売却時に高値で売れる。	→	老後の資金面が潤沢である。

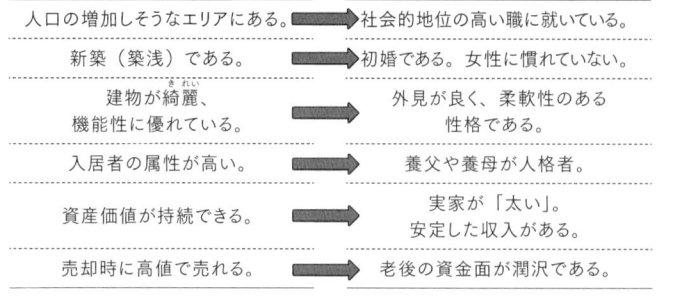

るものが属するターゲットへの変換がそれぞれ見事に成立しているからです。だからこそ、「優良物件」のメタファーは急速に広がりを見せ、市民権を得たのでしょう。

この「優良物件」のメタファーはいつ誕生したのでしょうか。

国立国語研究所の日本語検索システム「現代日本語書き言葉均衡コーパス検索システム／（ＢＣＣＷＪ）」で「優良物件」を検索したところ、「理想の条件を満たす結婚相手」を意味するものには行き当たりませんでした。このシステムは２００５年までの書籍や雑誌、新聞、白書、ブログなどのデータが収められていますので、メタファーとしての「優良物件」は２００９年以降に誕生したと予測できます。

つづいて、Googleで「優良物件　結婚　男性　条件」の4語を組み合わせて、年度ごとに検索してみました。そこで初出らしき記事がやっと確認できたのです。それは２０１１年4月9日付の朝日新聞のお悩み相談コーナー「悩みのるつぼ」における実業家・文筆家の岡田斗司夫《おかだとしお》氏の回答です。そこには「条件を満たす男性は市場価格50～60万円クラス、上位10～20％の優良物件です」と記述されています。さらに調べていくと、この表現はYahoo!知恵袋、読売新聞「発言小町」、「教えて！　ｇｏｏ」といった投稿形式の相談サイトを中心に使われ始め、２０１５年に一気に世間に広まったことが分かったのです（Google トレンドを利用して「優良物件」の年度別検索数を調査)。

なぜ、この「優良物件」というメタファーが誕生し、世に広まったのでしょうか。「男女共同参画社会」が叫ばれる現代にあって、女性が男性を品定めするようなこの表現は時代に逆行しているようにさえ感じられます。

オンラインメディアの「Ｂｕｓｉｎｅｓｓ Ｍｅｄｉａ誠」(現「ITmedia ビジネスオンライン」)が２００９年に1都3県(東京、千葉、埼玉、神奈川)在住の25〜49歳までの独身男女１０００人に結婚意識についてのアンケート調査をおこないました。その結果判明したのは、「景気が良くなると、男性の結婚願望は高まるが、女性の結婚願望は低くなる」ことと、「景気が悪くなると、男性の結婚願望は低くなり、女性の結婚願望が高くなる」という点です。なるほど、この見方が「優良物件」誕生のヒントになりそうです。

メタファーの「優良物件」という表現の初出は２０１１年4月でしたね。当時は東日本大震災、ならびに原発事故で日本は大混乱に陥っていました。そして、この表現が一気に広まった２０１５年は、消費税率の引き上げが国民の生活を圧迫したタイミングです。メタファーの「優良物件」ということばの誕生とその広まりは、当時の「先行きのなかなか読めない」社会情勢・経済情勢が、女性の「結婚願望」を高めたことと大きく関係しているのではないでしょうか。

メタファーの誕生は、社会情勢を映し出す鏡にもなるのですね。

そういえば、数年前から「親ガチャ」なる表現がＳＮＳで急速に広まっています。これだってその例外ではないでしょう。

そんなことを考えながら、皆さんの身の回りにあるメタファーを観察してみるのも面白いかもしれませんね。

第3章

日常の意識で変わる語彙力

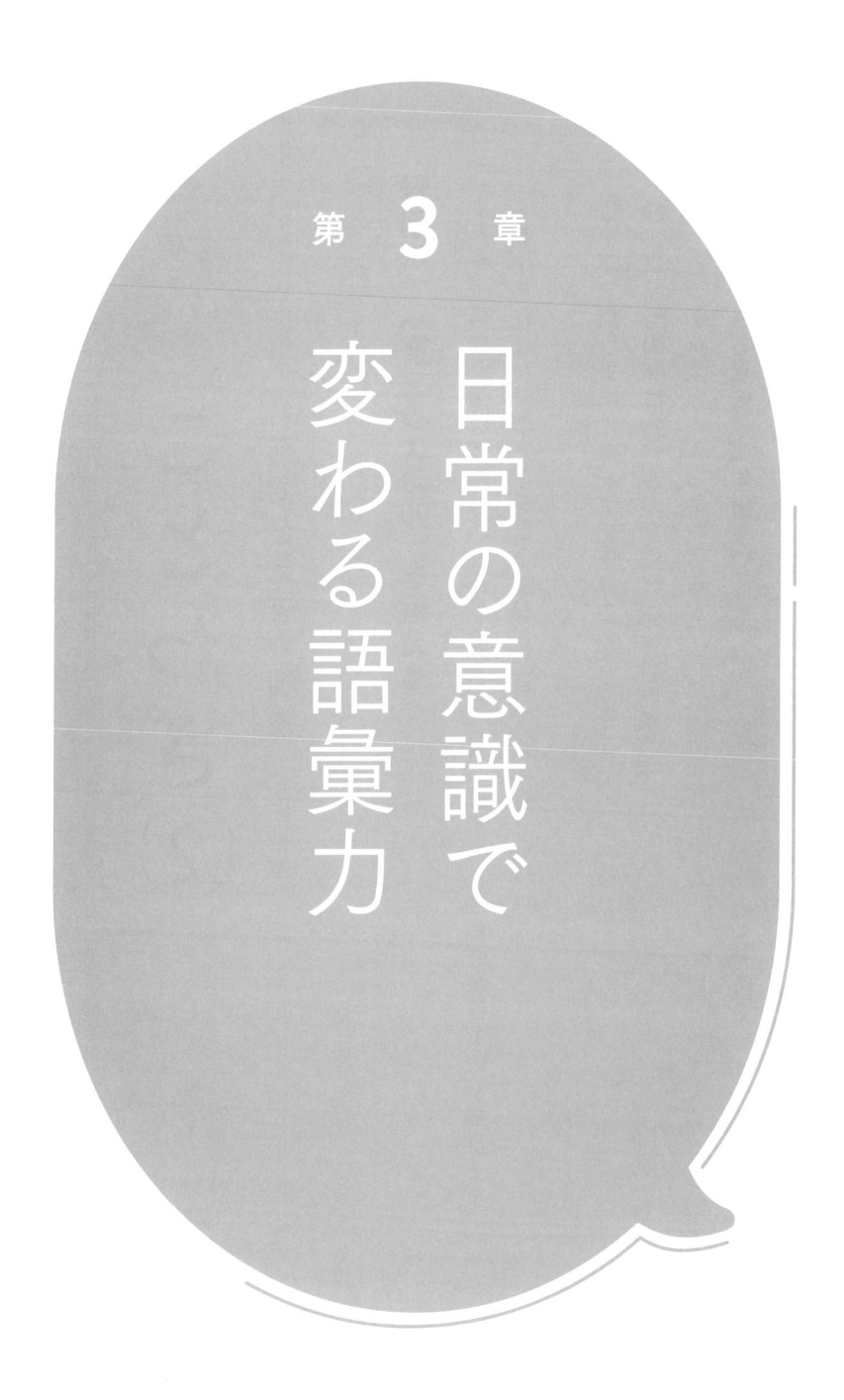

THEME 11

ことわざ②

真意を見抜く訓練

帰納法で「察するスキル」を鍛える

問 次の❶～❿は外国のことわざですが、似た意味のことわざが日本にもあります。それぞれ後のア～シから選び、記号で答えなさい。

❶ 卵を割らずにオムレツを作ることはできない。

❷ プリンの味は食べてみなければ分からない。

❸ ヒナがかえらぬうちに数えるな。

❹ 楽に入るものは楽に出ていく。

5 娘を得んとすれば、母親から始めねばならぬ。
6 雑草ははびこりやすい。
7 ミルクをこぼして泣いてもはじまらぬ。
8 コックが多いとスープがまずくなる。
9 ネコがいないとネズミが跳ね回る。
10 ローマではローマ人に倣《なら》え。

ア 悪銭身につかず　イ 石の上にも三年　ウ 鬼の居ぬ間に洗濯
エ 郷に入っては郷に従え　オ 将を射んと欲すればまず馬を射よ
カ 船頭多くして船山に上る　キ 捕らぬ狸の皮算用
ク 憎まれっ子世にはばかる　ケ 覆水盆に返らず　コ 蒔かぬ種は生えぬ
サ 弱り目に祟り目　シ 論より証拠

2017年度・普連土学園中学校（4日午前4科）▼答えはP149

中学入試の読解では、「論説文」「物語文」「説明文」「随筆文」「詩」「短歌・俳句」などが出題されますが、その中でも「論説文」と「物語文」が大きなウエイトを占めます。

さて、「論説文」を読む際にわたしが子どもたちによく指示するのが、「筆者の意見」と「具体例」に区分して、互いのつながりをじっくりと考えようということです。市販の読解教材などを見ると、「具体例は軽視して構わない」などと記載されている場合がありますが、それは大きな間違いです。また、「筆者の意見」をくわしく説明するのが「具体例」だという説明のなされることがありますが、それだけでは不十分だとも考えます。

何か読者に伝えたい大切なことがある。でも、それをストレートに書いても読者の琴線に触れないのではないか……それなら、読者にとって身近に感じられる「具体例」をいくつか登場させて、筆者は持論を補強しようとしているのです。言い換えれば、**「具体例」とは「筆者の意見」を強調する、その説得性を増強する役割を果たしている**のですね。

ですから、わたしは「**複数の具体例が登場したら、それらに共通する事柄はないか。それこそが筆者が読者に強く伝えたい意見になる**」と子どもたちにアドバイスしています。**それを見出そう。そして、**

複数の個別的事例（具体例）の共通項を見出して一般的な結論を導くその手法を「帰納法」といいます。この「帰納法」は日常生活でも自然に求められるスキルです。別のことばで言うと、「察するスキル」と表せるかもしれません。「察する」とは「おしはかって考える。推察して知る。また、思いやる。想像する」という意味です。

ビジネスの場で、たとえ話や具体的エピソードを先方が披露してきた場合、その送り手の意図がまったく推察できず理解できなければ、あなたは「察しの悪い人」だという烙印《らくいん》を押される可能性があります。身に覚えはありませんか。あるいは、あなたの周囲に「この人には全然言いたいことが伝わらないなあ」などとイラッとさせられるような人はいませんか？　**「察するスキル」の一つには、相手の具体的言動を即座に「抽象化」できる能力**があるのです。

冒頭の普連士学園の問題で言えば、「ことわざ」が「相手の言動」に相当し、「そのことわざの意味」が「抽象化したもの（共通項）」になります。この場合、複数のことわざの「共通の枠組み」を見出せるか否かが鍵となるのです。**読解問題でなく、知識問題であっても「帰納法」が試されているのですね。**前述した通り、これは他者と円滑なコミュニケーションを図るうえで有益なトレーニングとなります。大人だってそうなのですから、子どもたちにとってもこれは大切なスキルです。この手の知識問題でそのスキルを親子で磨いていきましょう。

それでは、普連土学園の問題の簡単な説明をおこないましょう。

共通の意味を有する「外国のことわざ」と「日本のことわざ」を考えるのですね。

❶の「卵を割らずにオムレツを作ることはできない」は、「何もしなかったら結果は生まれない」「結果には必ずその原因がある」ことを表します。そう考えると、日本のことわざはどれに当たりますか。

❷の「プリンの味は食べてみなければ分からない」ですが、どんなに見た目がよかったとしても食べてみてまずいのならばその価値はありません。つまり、「証拠がないと物の価値は明確にならない」ことを意味しているのです。

❸「ヒナがかえらぬうちに数えるな」はすぐに理解できたかもしれません。事前に計算したり期待したりしていると、結果的に裏切られることがあるという戒めです。ここから「不確かなものをあてにする」という意味になることが分かります。

❹「楽に入るものは楽に出ていく」は、「幸せや金銭など楽して手に入れたものほどすぐに無くなってしまうということ」です。

❺の「娘を得んとすれば、母親から始めねばならぬ」を見ていきましょう。「娘を得る」は、「その娘と結婚する」ということです。つまり、その娘と結婚したいのならば、まずは

その母親と仲良くなるのが近道であるという意味ですね。父親でなく母親というのも（少なくとも現在までの社会状況に鑑みて）何となくうなずけます。各国で共通することなのでしょうか。これをまとめると、「大きなものを手に入れるときは、直接そのものを狙うより、その周囲にあるものをまず狙うのがよい」という意味になります。

❻です。「雑草ははびこりやすい」は人間にとって邪魔なものほど消滅するどころかその勢力をぐんぐん拡大するという意味ですね。ここから「人に憎まれるような者が、かえって世間では幅をきかせる」という意味が成立します。

❼「ミルクをこぼして泣いてもはじまらぬ」は分かりやすいことわざですね。ミルクをこぼしたら泣いたところでどうにもならないのです。つまり、「元に戻せない失敗は嘆いてみてもしかたがない」という意味が見出せます。

❽「コックが多いとスープがまずくなる」はその情景が目に浮かぶようです。「いや、この素材を加えたらいいんじゃないか？」と素材を放り込むその横から「いやいや、こっちのほうがよいのでは？」と別の素材を鍋に放り込む……そんなコントのようなやりとりがなされればおいしいスープなど完成するはずはありません。指示系統はシンプルなほうがよいのです。このことわざの意味は「指図する人間が多いために統一がとれず、見当違い

の方向に物事が進んでしまうこと」です。

❾「ネコがいないとネズミが跳ね回る」は「ネコ」と「ネズミ」の関係性に着目すれば意味が見出せます。「強い者がいない間こそ、思う存分くつろげる」ということですね。

最後の❿は、「ローマではローマ人に倣《なら》え」はそのままですね。「よその土地へ行ったら、その土地の風習を尊重し、これに従うこと」という意味です。

国は違っても同じような意味を示すことわざが存在しているのは興味深いことです。人間に共通する教訓というのがきっとあるのでしょう。

この手のスキルを問うものはことわざに限られているわけではありません。2017年度の逗子開成中学校（第1回）では「四字熟語」を題材にした面白い問題を出しています。

次の文に合う四字熟語を考えてみてください。

世間の表と裏を嫌というほど見てきたAさんは、まじめで正直なだけでは生きていけないと悟り、いつしか簡単に人にはだまされない手強い人間となっていった。

この文は、対照的な意味の二字を含む四字熟語で表せますが、「長・短」「夏・冬」「頭・

尾」「晴・雨」「海・山」のどれに当たるかを問うています。「社会経験を積めば積むほど、誠実さとはかけはなれたずる賢さを身につける」という意味が抽出でき、ここから「海千山千」という四字熟語が出てきます。

個別の具体的事例から抽出できる「一般的な規則や教訓」などを考えることは、このような知識問題に対応できるだけでなく、先ほど申し上げた通り、読解問題や社会生活でもその威力を発揮します。

冒頭で紹介した普連土学園の問題も、この逗子開成の問題も、話し合いながら楽しく取り組める類《たぐい》のものでしょう。ぜひ親子でチャレンジして、丁寧に解説してみてください。

入試問題の解答（142ページ）

❶ コ　❷ シ　❸ キ　❹ ア　❺ オ　❻ ク　❼ ケ　❽ カ
❾ ウ　❿ エ

THEME 12

難読語

漢字の「読み」こそ日常で差がつく

簡単な漢字でも組み合わせると「難読語」に変身する

問 次の傍線部の漢字の読みをひらがなで答えなさい。

1. 人の往来が激しい。
2. 心配事が杞憂に終わる。
3. 世間の耳目を集める問題。
4. 秋の風物をめでる。

❺ 海外企業の参入を促す。

2019年度・攻玉社中学校（第1回）▼答えはP155

わたしはセミナーで、ある有名企業トップのこんな熱弁を耳にしたことがあります。「いいですか、皆さん！　企業の多くはジュンプウマンポに成長してきたわけではありません！」（順風満帆＝ジュンプウマンパンのことだと思われます）。

なぜ、このような「権力を持つ人」が誤読を連発するのでしょうか。あれこれ考えてみたら閃《ひらめ》いたことがあるのです。実は権力を持つ人物だからこそ誤読を積み重ねる可能性が高くなるのではないかということです。

権力者を象徴する存在といえば政治家が筆頭に挙げられるかもしれません。もうずいぶん前の話ですが、政治家の「誤読」が話題になったことがありましたね。

たとえば、首相経験者である重鎮の政治家の「誤読の連発」は有名です。「踏襲（トウシュウ）」を「フシュウ」、「未曽有（ミゾウ）」を「ミゾウユウ」、「頻繁（ヒンパン）」を「ハンザツ」などと誤読した過去があります。文部科学副大臣を歴任した政治家の誤読も相当なレベルです。国会の場で「便宜（ベンギ）」を「ビンセン」、「出自（シュツジ）」を「デジ」と読み間違えたことがあり、その当時話題になりました。

大人であれ、子どもであれ、誤読を改める手っ取り早い方法は、周囲の人たちから、自身の誤読に対して「その読み方って○○が正しいんだよ」と指摘してもらうことです。その場では少し恥ずかしい思いをするかもしれませんが、それをきっかけに以後その漢字の読みに気をつけていく……。これを繰り返せば、誤読している漢字の総量を徐々に減らすことができるに違いありません。

だから、誤読を繰り返す権力者のそばには、誠意を持ってそれを指摘してくれる人がいないのかもしれません。すなわち「裸の王様」と化している可能性が高いのですね。

その人の誤読に気づいたけれど、畏《おそ》れ多くて指摘することができない。あるいは、ミスを指摘すると逆ギレされそうなので気づかぬふりをしている……。周囲がそんなふうに委縮（あるいは無視）してしまうと、当人は誤読に気づかないまま、そのことばを人前で連呼しつづけることになります。そして、相変わらず周囲は「その読み方って違うよな」と内心あきれながらも、沈黙を決め込むのです。これってこわいことですし、大変さみしいことだと思いませんか。

ですから、**わが子が「誤読」をしたときには、親が瞬時にその間違えを指摘してやることが大切**なのです。

それでは、冒頭の問題に目を移してみましょう。

どちらも漢字を単体で切り離してみると、簡単な部類に入ります。しかし、その簡単な漢字であっても熟語として組み合わされると意外に読み方を間違えてしまうものが多いのです。

冒頭の問題は攻玉社の漢字の読み取り問題ですが、この5問のうち❶「往来」❸「耳目」❹「風物」などはまさに「簡単な漢字の組み合わせの『難読語』」でしょう。

わが子の漢字学習というと「書き取り」のほうに意識が向いてしまい、つい「読み取り」の学習を飛ばしてしまいがちです。それで手痛いミスを入試本番でやらかすのはもったいないですから、塾の教材や市販の漢字問題集などを使って、読み取りの問題を解いて、自身のこれまでの勘違いに気づいてほしいものです。

漢字を書くわけではなく、読みを確認するだけですから、「漢字の書き取り」よりも短時間で、場所を問わず取り組むことができるはずです。朝の家庭学習の時間やちょっとした休憩時間などスキマ時間を活用して、一日3分程度で構いませんから、コツコツと確認作業をおこなうとよいでしょう。

さて、「漢字の読み取り」で受験生たちがミスしやすいものを狙って入試で出題する学校はたくさんあります。その手の問題を出題する学校の一例を挙げると、先の攻玉社中学校のほか、慶應義塾中等部、慶應義塾湘南藤沢中等部、青山学院中等部、浅野中学校、横浜共立学園中学校などです。また、6年生はさまざまな学校の過去問（過去に出題された入試問題）に挑みます。その際「漢字の読み取り」でミスしてしまったところは、メモを残しておくとよいかもしれませんね。

それでは、実際の中学入試問題で出題された漢字の読み取りに挑戦してみましょう。

問 次の傍線部の漢字の読みをひらがなで答えなさい。

❶ ねこの額ほどの庭しかない。
❷ 祖父は一目置かれる存在だ。
❸ 命令に背反する。
❹ 自身のふるまいを省みる

❶・❷は2020年度の横浜共立学園中学校、❸・❹は2019年度の浅野中学校で出

題されたものです。早速答え合わせをしてみましょう。❶「ひたい」、❷「いちもく」、❸「はいはん」、❹「かえり（みる）」となります。

最後に、少しだけ話を広げてみたいと思います。

塾で指導していると、知識をどんどん吸収する子どもに共通する特徴に気づきます。その筆頭に挙げられるのが、**他者（塾の場合は講師に当たりますね）の指摘に対して、自らの間違いを素直に認め、すぐに軌道修正できるスキル**を有している点です。

「誤読」の指摘にどのようにわが子が反応するか、そして、それを修正できるか否か……この様子でその後の学力の伸長を占えるという側面もあるのではないでしょうか。

入試問題の解答（150ページ）

❶ おうらい　❷ きゅう　❸ じもく　❹ ふうぶつ　❺ うなが

THEME 13

熟語

誤読・勘違いの源泉

「熟語」の読みの間違いに要注意！

問 次のAとBの（　　）に同じ漢字（二字熟語）を入れて文章を完成させなさい。

❶ A（　　）は漢字をもとにして作られた。
B プライバシーに配慮して（　　）を使う。

❷ A 強い（　　）が日本列島を覆い、気温が下がる。
B 熱はないけれど、ひどく（　　）がする。

２０１７年度・青山学院横浜英和中学校（B日程）▼答えはP161

見た目はまったく同じ漢熟語であっても、その意味だけでなく読み方も変化するものがたくさんあります。この問題では、その知識の有無を見ているのです。

では、早速答え合わせをしていきましょう。

❶は「仮名」が入ります。前者は「かな」と読み、「ひらがな」を意味します。これに対して、後者は「かめい」と読み、「仮（かり）の名前」を意味します。

続いて❷を見ていきましょう。❷には「寒気」という漢熟語が入ります。前者については「かんき」と読み、「冷たい空気」を意味します。そして、後者は「さむけ」と読み、「病気などのために、身体に不愉快な寒さを感じること」を意味しています。

また、大人であれば簡単でしょうが、子どもに傍線部の読みとその意味を答える次のような問題を出してみたら苦戦するかもしれませんね。

1　今日はとても良い天気だ。
2　今日、多くの若者がSNSに熱中するようになった。

1は「きょう」と読み、「いま過ごしている日の午前0時から24時間以内のこと」を意味

し、**2**は「こんにち」と読み、「現代」の意味で用います。

中学入試の国語の知識問題において、この異なる読み方・意味がある熟語はよく問われます。青山学院横浜英和以外にも、近年では慶應義塾中等部、普連土学園でも同じテーマで出題されています。

熟語に二つの読み方と意味があることは、案外気づきづらいものです。なぜなら、ふりがなが振られていない場合、子どもたちは間違えたまま読み飛ばしてしまっている可能性があるからです。いや子どもたちに限った話ではないのかもしれません。わたしたち大人でも見過ごしてきたものがあるかもしれませんね。

「市場」を「しじょう」と読むべきところを「いちば」と読んでしまったり、「ご利益」を「ごりえき」と読んでしまったり……。

そういえば、奥田英朗《おくだひでお》さんの短編小説集『家日和《いえびより》』(集英社)に「ここが青山」というタイトルのものがあります。勤務していた会社が倒産してしまい、途方に暮れた男が周囲の人たちに「人間いたるところ青山(あおやま)ありというじゃないか」と慰められ、戸惑うという話です。なぜ男はこのことばを耳にして戸惑ったのでしょうか。これが理解できないと、この場面の面白さが味わえないでしょう。

「人間いたるところ青山あり」は、江戸時代末期の僧である月性《げっしょう》の漢詩から生まれたことわざです。この漢詩の部分を読み下すと、「骨を埋めるに何ぞ期せん墳墓《ふんぼ》の地、人間到《いた》る処《ところ》青山有り」となり、ここの意味は「先祖代々が眠る墓に入ろうなどとは思わない。この世の中、どこへ行ったとしても自分の眠る墓地となる森はある」となります。ここから「大望を実現するためにはどこへでも行って、心置きなく活動すべきである（あなたの活躍できる場は世間のいたるところに存在している）」という意味となりました。つまり、職を失った男にかけることばとしては何も間違えていないわけです。

問題は「青山」にあります。これは「森」を意味する漢熟語で「あおやま」ではなく、「せいざん」と読むのです。なお、「人間」は「じんかん」とも「にんげん」とも読みます（最近は「にんげん」の読みが優勢のようです）。

もうお分かりですね。男は「えーと……それって『せいざん』って読むのでは」とここのシーンで戸惑っているのです。これは大人でもつい間違えてしまう類《たぐい》の読みではないでしょうか。

さて、中学入試で出題される可能性のある、異なる読み方・意味がある熟語を次のページにいくつか紹介します。それぞれ2種類以上の読み方と意味があるので、お時間のあるときに親子で問題を出し合ってもよいでしょう。

- 「気質」きしつ（生まれながらの性格）／かたぎ（その集団特有の気風・性格）
- 「見物」けんぶつ（催し物などを見て楽しむこと）／みもの（見るに値するもの）
- 「根本」こんぽん（物事が起こる原因）／ねもと（根の部分。もののつけ根の部分）
- 「市場」しじょう（マーケット）／いちば（商品の売買、取引をする場所）
- 「上手」じょうず（物事にたくみなこと）／うわて（風上など上の方向・他より優れている）／かみて（舞台の、客席から見て右手の方）
- 「色紙」しきし（和歌、絵、俳句などを書く方形の厚紙）／いろがみ（色付きの紙）
- 「人気」にんき（世間の評判）／ひとけ（人のいる気配）
- 「生物」せいぶつ（生命のあるもの）／なまもの（煮たり焼いたりしないなまのもの）
- 「大家」たいか（その道で特に優れた人）／おおや（貸家の持ち主）
- 「大事」だいじ（重要で根本にかかわる事柄）／おおごと（めったにない重大なこと）
- 「大人」たいじん（徳の高い立派な人・高貴な人）／おとな（成人）
- 「大勢」たいせい（大きな威勢・おおよその有様）／おおぜい（たくさんの人）

- 「二重」にじゅう（二つ重なっていること）／ふたえ（二重まぶた）
- 「風車」ふうしゃ（風を受けて回転する羽根車、その動力を得る装置）／かざぐるま（風が吹くと回るおもちゃ）
- 「分別」ふんべつ（道理をわきまえていること）／ぶんべつ（種類ごとに分けること）
- 「目下」もっか（目の前・ただいま）／めした（地位・年齢などが自分より下の人）
- 「役所」やくしょ（役人が公務を取り扱う場所）／やくどころ（ふさわしい役目・与えられた役目）
- 「利益」りえき（もうけ・得になること）／りやく（恵み・幸せ）

入試問題の解答（156ページ）

❶ 仮名　❷ 寒気

THEME 14

オノマトペ

漫画からも学べることば

オノマトペの世界を楽しもう

問 次のクロスワードパズルにあてはまる語を【語群】から選んだとき、選ばずに残った語と、その残った語を用いて埋めることができる文章を【例文】から選び、その組み合わせを記号で答えなさい。なお、縦の②、横の④⑦には最初から語が入っている。

例

【語群】に［タ］の語が余り、その語を【例文】［11］に埋めることができる。

解答は、［語＝タ・文章＝11］となる。

【語群】

ア　ぱちり　イ　ぱたん　ウ　ぽっ
エ　しんしん　オ　じっ　カ　きらきら
キ　はらはら　ク　きんきん　ケ　はきはき
コ　じんじん　サ　ぽん　シ　とろり
ス　きびきび　セ　きちんと　ソ　きらり

①		② き		■	③	■
	■	り	■	④ は	た	り
	■	⑤ き				■
⑥		り	■		■	■
■	■	■	⑦ ぽ	き	ぽ	⑧ き
⑨		⑩		■	■	
■	■		■	■	■	

［縦のヒント］

① 崩れや乱れがなく整っているさま。　② （堅いものがこすれ合ってしきる音。）
③ 面と面が当たったときの軽く高い音。　④話し方や態度が歯切れ良く明瞭であるさま。
⑤ ――　⑥ ――　⑦ はずむ感じで勢いのよいさま。
⑧ 瞬間的に光を反射させていくさま。　⑨ ――　⑩ 動かずそのままでいるさま。

［横のヒント］

① 小刻みに連続して光り輝くさま。 ② ―― ③ ――

④ （突然で思いがけないさま。） ⑤ 凍りそうなほど冷たいさま。

⑥ 溶けて液状になり、滑らかに流れるさま。 ⑦ （細くかたい物が、続けて折れる音。）

⑧ ―― ⑨ 身体の一部が、しびれるように痛むさま。 ⑩ ――

【例文】

1 綱渡りを（　　）しながら見る。 2 大きな瞳を（　　）と開いた。

3 鋭い刃が（　　）と光る。 4 恥ずかしさから頬を（　　）と赤くした。

5 決まった時間に（　　）集合する。 6 雪が（　　）と降っている。

7 太陽の光が波に（　　）と反射する。 8 （　　）とよく働く。

9 枯れ枝を（　　）と折る。 10 ドアを（　　）と強く閉めた。

2023年度・攻玉社中学校（第2回）
▼答えはP171

今回は、クロスワードパズルを利用した、攻玉社のユニークな問題です。

まず、クロスワードパズルに入る語を考えてみましょう。

①（横）カ、①（縦）セ、③（縦）イ、④（縦）ケ、⑤（横）ク、⑥（横）シ、⑦（縦）サ、⑧（縦）ソ、⑨（横）コ、⑩（縦）オ、となります。すなわち、余った語群はア、ウ、エ、キ、スの5語となり、これらが入る例文の番号を解答することが必要です。ちなみに、設問の指示がちょっと複雑なので、「え？　何を解答すればよいのだろう？」と混乱する子どもたちがいるかもしれません。ましてや緊張する入試本番という状況で設問の条件を正しく読み取ることがいかに難しいか、容易に想像できます。学校側が示している例をヒントにして、問われている内容を冷静に考えなければいけませんね。

さて、【語群】に登場する15語はすべて「オノマトペ」と呼ばれるものです。

「オノマトペ（onomatopée）」とはフランス語から来た外来語であり、もともとは古代ギリシア語の「onoma（名前）」と「poiein（作る）」が合体したことばです。この「オノマトペ」は、日本語でいうところの「擬音語」（物が発する音を模倣した語。人間や動物などの声を模した「擬声語」は「擬音語」の一種です）と「擬態語」（物事の状態や、身ぶりや行動などを模倣して言語化した語）、「擬情語」（内的な感覚・感情を表す語）のことで、「ぎとぎと」「ころころ」「かちかち」「がたがた」といった同じ2字を反復した形（畳語）が多く含まれます。それ以外の形としては「がちゃん」「ぺたんこ」「がたんごとん」などがあります。カタカナで表記されることも多い語です。【語群】のセ「きちんと」だって、一見そうは感じられないのですが、立派なオノマトペです。古代中国語の「詰（「キイトゥ」と発音）」が日本に入ってきて、それをもとに成立したという説があります。そういえば、隙間なく物が詰まっている様子を「きちきち」などと言い表しますよね。

小野正弘（編）『日本語オノマトペ辞典』（小学館）には、実に約4500語ものオノマトペが収録されていますが、ここでは網羅しきれないオノマトペも数多く存在すると言われています。わたしたちの日常生活はオノマトペであふれているのです。よく考えてみると、人間が幼児期に犬のことを「わんわん」、猫を「にゃーにゃー」、車を「ぶーぶー」などと呼ぶことがあります。**このように音や声、動作などを音声化して示すのは、人間にとって本能に近いものであり、わたしたちにとって大変身近なことばと言えます。**大人だって「レンジをチンしてね」などと無意識のうちにオノマトペをよく使いますよね。

こういう性質を持つからこそ、オノマトペには続々と「新語」が生まれる傾向にあるのでしょう。悲しいときに泣いている様子を表す「ぴえん」（すでに死語と化していますが）だってオノマトペです。

面白いオノマトペはたくさんありますが、わたしが最近、個人的に気になっているものを紹介します。「バキバキ」「バッキバキ」です。

この「バキバキ」「バッキバキ」が掲載されている辞書は少ないのですが、山口仲美（編）『暮らしのことば　擬音・擬態語辞典』（講談社）にて、「ばきばき」について4種類の意味記述がありました。それらを列挙してみましょう。

❶かたい物などが、折れたり壊れたりする音や様子。また、整体などで、骨や関節などを鳴らす音や様子。「枯れ木がバキバキと音を立てる」「力任せに骨をバキバキさせる」
❷何かが振動したり、きしんだりして立てる音。「車の窓がバキバキする」
❸凝り固まっている様子。「首筋がバキバキ」
❹勢いよく物事を進める様子。「バキバキ仕事をする」

これらを「旧用法」と呼ぶことにします。この辞書が刊行されたのは2003年ですが、わたしが最近見聞きする「バキバキ」「バッキバキ」はこれらの意味用法に当てはまらないものが多いのです。次にいくつかの例文を挙げてみましょう。

（例1）腹筋をバキバキにきたえるトレーニングをした。
（例2）心がバッキバキに折れて、仕事にならなかった。
（例3）お前、目がバッキバキやで。
（例4）バキバキのダンスミュージックを大音量でかける。

どうでしょうか。（例1）は「腹筋がたくましく割れている様子／肉体が強靭《きょうじん》な様子」、（例2）は「滅茶苦茶に／酷《ひど》く／恐ろしく」、（例3）は「（目が）過剰に冴えわたったり、血走ったりする様子」、最後の（例4）は「正真正銘の／真正な／真の／王道の／典型的な」といった意味があるように感じられます。この4つは新用法と言えるでしょう。

それでは、なぜこの新用法が生まれたのでしょうか。先ほど紹介した旧用法の4つの意味も含め、互いに影響を受け合うことで、新たな意味が登場したものと考えられます。

（例1）「腹筋がたくましく割れている様子／肉体が強靭な様子」は旧用法❸「凝り固まっている様子」が〈腹筋が凝り固まる→筋骨隆々《きんこつりゅうりゅう》としている→肉体が強靭である〉といったように転義しているものと考えられます。

（例2）「滅茶苦茶に／酷く／恐ろしく」は旧用法❶「かたい物などが、折れたり壊れたりする音や様子」が形のない心に適用されることで否定的な意味を生み出しています。（例3）「（目が）過剰に冴えわたったり、血走ったりする様子」は、旧用法❸「凝り固まっている様子」を目に限定して適用し、そこから〈（興奮のあまり）過剰に目を剥《む》いている状態〉と〈（身体は疲れ切っているが）目だけは大きく見開いていて、血走っている状態〉といったやや病的な様態を示すようになったのでしょう。

（例4）「正真正銘の／真正な／真の／王道の／典型的な」は、新用法（例2）とも関わりがありそうです。新用法（例2）「滅茶苦茶に／酷く／恐ろしく」とこの（例4）は、どちらも「完全（に）」という意味合いを共通して含んでいます。そのため、（例2）のマイナスの意味がいつしかプラスの意味へと転じて、（例4）の用法も生まれたものとわたしは考えています。この点、「ヤバい」の意味変化と一脈通じているように感じられます。

日本語には多彩なオノマトペがあるとされています。これは、四季の移り変わりが明確な風土であることや、日本独自の文化の影響などがあるのでしょう。たとえば、山地中心の島国である日本は、豊かな自然を有していて、身近に自然が奏でるさまざまな音があふれており、それらが言語化されてきたのかもしれません。また、日本は「漫画大国」として知られています。漫画という制約のある（限りのある）スペースの中でその場面を具体的に伝え、感覚的に訴えるためにはオノマトペの使用が有効です。たとえば、ある人物が暗い道をとぼとぼと歩いているコマがあったとして、そこに「シーン」というオノマトペが添えられているだけで、辺りには誰もいない静寂の中を一人きりで歩いているというその「孤独感」を読者に感覚的にイメージさせることができます。実際に手元にある漫画を親子で手に取ってどれだけのオノマトペが盛り込まれているのかを確認してみてください。その膨大さにびっくりするのではないでしょうか。**意識しないと気にも留めないほど、わたしたちにとってオノマトペは大変身近なものなのです。**漫画家が発明したオノマトペがいつの間にか日常でよく使われるようになることもあります。

こんなふうにオノマトペについてあれやこれや考えてみるのも楽しいですよね。普段どんなオノマトペを使って会話しているのかを書き出してみてもよいでしょう。

入試問題の解答（162ページ）

［語＝ア・文章＝**2**］［語＝ウ・文章＝**4**］［語＝エ・文章＝**6**］

［語＝キ・文章＝**1**］［語＝ス・文章＝**8**］

column3

日本語が「外来語」になる？

わたしたちが平生《へいぜい》使っている日本語にはたくさんの外来語があります。昔、外来語を使わないで相手と話すという「ゲーム」をおこなったことがありますが、これがまた難しいのです。外来語なくしては文章も書けませんし、会話するのだって困難です。

「外来語」とは外国から入ってきて、日本語として取り入れられ、定着したことばのことです。ふつうはカタカナで書き表します。ただし、中国から入ってきたことばは前述の「漢語」であり、外来語には含まれないとされています。

わたしたちが普段使用している外来語は一体どこの国の言語から持ち込まれたものなの

でしょうか。一例を挙げてみましょう。

英語

アイスクリーム・エンジン・テスト・タイヤ・スリッパ　など

フランス語

コロッケ・ピエロ・マヨネーズ・バレエ・クレヨン　など

ドイツ語

アルバイト・エネルギー・テーマ・ガーゼ・カルテ　など

イタリア語

ピアノ・ソプラノ・ピザ・スパゲッティ　など

オランダ語

オルゴール・ガラス・コーヒー・ゴム・ランドセル　など

ポルトガル語

オルガン・カステラ・カルタ・タバコ・パン　など

わたしたちが外来語としてあまり認識していないことばもあります。たとえば、「今日は何だか気分がすぐれなかったので、会社をさぼってしまった」……この中に外国から伝わってきたことばがあります。どれかお分かりになりますか。

正解は「サボる」です。このことばには「学業や仕事などやるべきことを怠けること。また、学校の授業や仕事など、ずるをして休むこと」を意味しますが、もともとはフランス語の「サボタージュ」の略語「サボ」を動詞化したものなのです。「サボ」とは本来「木靴」を意味していました。フランスの労働者が会社と争議をする際に、木靴を機械に投入して生産を停止したり、木靴を履き、カタカタさせて能率を低下させたりしたところから、このことばが労働者の「怠業」を象徴するようになったのです。

この「サボる」という外来語は比較的古くから日本で使われています。

1925年（大正14年）に刊行された細井和喜蔵《ほそいわきぞう》『女工哀史《じょこうあいし》』に「サボル―サボーターヂの片言なれども個人的怠業を指す（俺サボってやらう）」という一文が登場します。また、その4年後の1929年（昭和4年）に発表された小林多喜二《こばやしたきじ》の『蟹工船《かにこうせん》』でも「ずるけてサボるんでねえんだ。働けねえからだよ」という労働者の悲痛な叫びが記述されています。

さて、わたしたちが外来語を使用しているように、日本で生まれたことばが海外で使用されているケースもあるのです。

たとえば、Twitter（現「X」）社を買収したことでも知られているスペースX社やテスラ社のCEOを務めているイーロン・マスク氏が、2023年5月10日にこんなことを呟きました。

With latest version of app, you can DM reply to any message in the thread (not just most recent) and use any emoji reaction.

これはイーロン・マスクがTwitter（現「X」）の新機能追加を示唆する内容ですが、この英文の中に日本から「輸出」された「外来語」が含まれていることに気づきましたか。そうです。「emoji」（絵文字）です。

この「emoji」が海外で定着していることの証左としては、2013年に『オックスフォード辞書オンライン』にこの「emoji」が登録されたということがあります。海を越えても「絵文字」ということばが通用するのは何とも愉快な気分になりますね。

また、漢字文化圏である中国語にも日本語からいろいろなことばが入り込んでいます。なぜだか、ゲームやアダルト向けのことばが多いようですが、中国の若い人たちの日本への関心は主にその分野にあるということでしょう。

一般的に使用されることばでは、たとえば「社畜《しゃちく》」が日本から中国へ渡り、広く使用されるようになっています。「社畜」とは、社員として勤務している会社に飼い慣らされ、自らの意思を会社に委ねてサービス残業すら厭《いと》わない「奴隷《どれい》」的な働き方をしている労働者を指します。昨今の日本は「働き方改革」を掲げ、労働環境の是正に努めている一方、経済的に伸長が著しい中国では過酷な労働状況を示唆する「996」という表現が生まれています。これは、午前9時から午後9時まで、週6日で勤務するという意味です。これを問題視するどころか、礼賛する風潮もあります。日本で「社畜」が流行した当時の状況と似ていることから、このことばが輸出され浸透したのではないでしょうか。

「居酒屋」もそうです。お酒をメインにして料理を堪能するという飲食店の業態はそもそも中国には見られなかったため、中国語に代替することができず、そのまま日本のことばが使われるようになったのでしょう。

アニメの登場人物やアイドルなどに心を惹かれるという意味での「萌」も日本から中国へ「輸出」されて使われています。

そのほか、「元気」ということばも日本から入ってきて、広く中国の人々に使用されていることばだそうです。たとえば、「元気森林」という炭酸水のブランド名があり、健康に配慮した甘味ドリンクだそうです。

面白いところでは、インターネットの匿名掲示板で登場したといわれる「笑」を意味する「ｗｗ」も日本から中国へ渡り、若者たちが好んで使うようになったとか。

国際化社会と言われて久しいですが、これから先も多くの外来語が日本に「輸入」され、また、日本からことばが「輸出」されることで、その国のことばとして定着する事例が増えてくるのでしょうね。

第4章

ことばと向き合う

THEME 15

慣用表現②

ことばとは何か

慣用表現は比喩の屍《しかばね》

問 次の❶～❺の文の〰〰線部は、（　　）内の意味を表す言葉です。例にならって、□□にあてはまる言葉をひらがな二文字でそれぞれ答えなさい。

例 いくら彼でも、プロ野球選手には□□うちできない。 ≫ 答え：**たち**

❶ 助けられたときは□□の息だったが、今ではすっかり元気になった。（今にも息絶えそうな状態）

❷ 日々の食事にも事□□生活を送っている。（必要なものがなくて困ること）

❸ □□半可な知識では、彼女にかなうまい。（十分でなく、中途半端な様子）

❹ 大通りには木造の民家が□□を並べている。（多くの家が建ち並んでいる様子）

❺ このチームの選手たちは、□□ぞろいだ。（集まった人々がみな優れていること）

2022年度・聖光学院中学校（第1回）▼答えはP185

突然ですが、解説の前に次の一文に目を通してみてください。

例　お化け屋敷の入口でわたしは恐怖のあまり、肩で息をしていた。

さて、この中で比喩表現をいくつ見つけることができますか。

「え!?『肩で息をする』は慣用句だから、比喩なんて1つもないのではないか」そう思いますよね。正解です。

でも、右の一文には5つの比喩表現があるという強引な見方もできるのです。「お化け」「屋敷」「入口」「あまり」「肩で息をする」の五つです。

納得できないでしょう。それでは、ひとつひとつ説明をしていきますね。

まず、「お化け」です。幽霊のことを「化け物」といいますが、これは本来あるべき姿から死を迎えることによって（人を脅かすような）別の生き物に「変化」するということから生まれたことばです。そう考えると、「化け物」「お化け」は喩《たと》えことば（比喩表現）として見ることが可能です。「屋敷」はどうでしょうか。「土地に家を建てる」ことを「土地に家を敷くようだ」と見立てたことから成立した表現と考えられます。次に「入口」です。身体の部位を表す「口」ということばを用いている時点で、これは人などが入るところを「食べ物を入れる口」に喩《たと》えています。「あまり」はもともと「余り」という漢字があてられ「そこからはみ出すこと」の意味があり、それが感情、感覚、状態を表す名詞や動詞に後接し、その程度が極端にひどいことを表すようになったのです。「恐怖のあまり」は、その「恐怖」が自身の内に留められないくらいの量であることを示しているのでしょう。本来の意味から比喩的に派生して生まれたことばと見ることができます。最後の慣用句「肩で息をする」はぜいぜいと苦しそうに息をする様子を「まるで肩で息をしているようだ」と見立てて誕生したものです。

5つの比喩表現を見出すことができるその理路がお分かりになったのではありませんか。でも、これらのことばを比喩表現とする人はいないでしょう。比喩として誕生したこれらのことばは、人々に使われていくうちにそれが「比喩」であるという新鮮味を失っていったのです。

こう考えると、**言語活動をおこなう際、わたしたちは無意識のうちに比喩の「屍《しかばね》」の上を歩いているようなもの**なのです。「屍」と書き表しましたが、その字義通りにそれらはもともと「生きていた（創造性のある）」比喩が「死体」になったのですね（これを「死喩」または「化石化した言語」と言います）。わたしたちの比喩的思考によってことばが誕生し、そのたびに新しい意味が出現します。そして、時代の流れとともにそれらは死を迎えたり、消滅したりするのです。新たなことばが誕生しては消滅する、といった連綿と続く繰り返しが言語の歴史にみられるのです。このような観点から、**比喩的表現というのは生き物が進化するかのように変遷してきたと言えます。**

「慣用句」だって「ことわざ」だって、生まれた当初はみな比喩表現だったのです。

ところで、比喩的思考によって新しいことばを生み出すのには大きな理由があります。既存のことばに別の意味を持たせることは、まったく新たな語を生み出すよりもその労力が少ないのです。言い換えれば、比喩表現とはあくまでもすでに存在することばを借用して、そこに新たな（類似的な）意味を付加するということであり、新語の発生、乱発をむしろ抑制する機能を果たしているのですね。

さて、冒頭の問題は2022年度の聖光学院中学校のものです。大人からすればそんなに難しくはないレベルの問題かもしれませんが、小学生が挑むとなると、簡単に全問正解とはいかないでしょう。

このような「語彙」に関する問題はどのような対策が必要なのか。

こういうふうに尋ねられると、わたしは返事に窮してしまいます。なぜなら、この手の問題は一朝一夕の対策ではあまり効果がないからです。子どもたちのこれまでの言語獲得の積み重ね、語彙の総量の多寡がストレートに問われているのですね。

新たなことばの獲得という点では、人は辞書を引いて獲得することばよりも、当然ながら、日常生活の中で何度も触れることで自然と身につくことばの数のほうが圧倒的に多いものです。

幼いころから読書体験をどれくらい積んできたか、保護者をはじめとする大人からどれくらいたくさんのことばを聞き、また、それらに対してどれだけ自分自身の意見をぶつけてきたか……。**国語教育学でよく「ことばのシャワー」といった表現が用いられますが、ま**

さに子どもたちがどれだけ多くのことばをこれまで浴びてきたかが大切です。

単純な一問一答の形式ではなく、あの手この手で子どもたちの語彙の総量を探る入試問題を単独出題する学校はいくつもあります。先述の聖光学院ほか、灘、雙葉、攻玉社、慶應義塾中等部、慶應義塾湘南藤沢、普連土学園など枚挙にいとまがありません。

わが子が本に手を伸ばすようにどう働きかけるか、わが子とニュースや日々の出来事について互いにどれだけたくさんのことばを交わしているか……。そんなふうに親としてわが子の語彙力向上にどれだけの後押しをしているのかをこの機会にじっくり振り返って、親のスタンスを微調整することをおすすめします。

入試問題の解答（180ページ）

❶ むし　❷ かく　❸ なま　❹ のき　❺ つぶ

THEME 16

助数詞

使いこなせば世界の見え方が変わる

日常生活で使いこなしたい「助数詞」

問 次の[1]〜[5]には、ものの数え方をあらわす漢字一字が入ります。その漢字を使って数えるものをア〜ソの中から一つ選び、記号で答えなさい。

白[1]の矢が立つ

馬[2]をあらわす

流れに[3]さす

笑う[4]には福来る

真綿で[5]を絞める。

ア　ざるそば　イ　和歌　ウ　部屋　エ　自動車　オ　いす
カ　うさぎ　キ　くじら　ク　ひまわり　ケ　仏壇　コ　小説
サ　たんす　シ　俳句　ス　大砲　セ　寄付　ソ　キャベツ

2017年度・攻玉社中学校（第1回）▼答えはP192

この問題は、ことわざとものの数え方の2つの知識が問われる大変ユニークな作りになっています。

さて、ものの数え方を表すことばのことを「助数詞」といいます。

日本語にはさまざまな助数詞が存在し、それらを使いこなすのは大人でも難しいことです。

助数詞の問題は決まった学校で毎年出題されるといった性質のものではありません。しかしながら、国語の入試で知識問題を組み込む学校で、突然出題されるようなことがあります。そのようなタイプの学校を志望する子どもたちにとって助数詞は知っておくべき事柄です。

これを機に家の中にある身近な物を題材に助数詞についてわが子と一緒に調べてみてはどうでしょうか。また、わが子がおかしな助数詞を使ったら、親がその場で正してやることも必要です。

たとえば、「お母さん、お箸を2本取って！」などと言われたら、「お箸は2本じゃなくって1膳《ぜん》と言うんだよ」というように……。

それでは、冒頭の問題のア～ソの数え方について説明しましょう。

アの「ざるそば」は「枚」もしくは「丁」ですね。ざるの平べったい形状をイメージすると「枚」と結びつきやすいかもしれません。

イの「和歌」は「首」ですね。「百人一首」という作品名を思い浮かべて覚えましょう。

ウの「部屋」は「室」です。空いている部屋を「空室」と言い表します。

エの「自動車」は「台」。これはそんなに迷わないのではないでしょうか。

オの「いす」は「脚」です。助数詞の問題で好まれて出題される数え方です。

カの「うさぎ」は「羽」です。なぜ「羽」を使うか。本当かどうかわかりませんが、長い耳が羽に見えるなどとする説もあります。

キの「くじら」は魚ではなく哺乳類ですから「頭」で数えます。

クの「ひまわり」は「輪」。丸く花びらを広げる花は「輪」を用います。

ケの「仏壇」はなかなかの難問です。これは「基」なのです。びっくりですね。お墓の数え方も「基」ですのでセットで覚えましょう。そういえば、古墳も「1基、2基……」と数えます。

コの「小説」は「編」もしくは「篇」です。「長編小説」「短編小説」といった表現からもそうと知ることができます。

サの「たんす」は「棹《さお》」ですが、最近「たんす」のある家が少なくなっているのでなかなかイメージしづらいかもしれませんね。

シの「俳句」は「句」です。「初句切れ」などは中学受験の学習で登場する用語です。

スの「大砲」は何でしょう？　難しいですね。これは何と「門」なのです。「門」には「狭い口」という意味があります。大砲の狭い筒からこの助数詞が適用されるのです。

セの「寄付」は「口」です。そういえば、「寄付金は1口10万円、2口以上をお願いします」なんていう私立中学校がありますね……。

最後の**ソ**の「キャベツ」は「玉」です。キャベツだけではなくレタスやスイカ、メロンなど球形をした野菜はこう数えるのです。

このように「助数詞」としてあてられた漢字にはそれなりの根拠があるのですね。

また、助数詞そのものに「適用する事物のどの側面に着目しているか」を表す働きがあります。

たとえば、子どもたちが社会の歴史の初回授業で学ぶ縄文時代の「貝塚」。この「貝塚」にはどんな助数詞をあてるか分かりますか。正解は2パターンあります。「捨てられた貝殻などが堆積してできた層」に焦点を当てている場合は、「1つ」や「1か所」などといいます。しかし、そこに人骨が埋葬されているという、考古学的な「塚」の側面に焦点を当てた場合は「1基、2基」と数えるのです。お墓や古墳、仏壇などにも「基」という助数詞を用います。

続いて、「紙」の数え方を紹介しましょう。「え、1枚、2枚……と数えるのではないの？」と思われた方が大半でしょうが、たとえば、コピー用紙100枚が入った包みは「1冊」「1包み」などと数えます。今度はそれらの包みが10、20と大きな段ボールに入れられると、それを「1箱、2箱……」と数えるようになるのですね。その形状によって助数詞の使い分けがなされることがよく分かる事例ではないでしょうか。

次に動物を数える際の「匹」と「頭」の使い分けについて紹介します。「匹」は「頭」の上位語として用いられ、「有生《うしょう》」（生命のあるもの）、かつ「非人間」の2つの条件を満たすものに使われるとされています。一方、「頭」は大きい動物にのみ用いられる類別詞であり、「人間の標準的な大きさよりもさらに大きい」ことが「頭」の適用基準になるという先行研究があります。

最後に「本」という助数詞について見ていきましょう。「本」とはどのような事物に対して適用される助数詞なのでしょうか。「鉛筆」「電車」「チューリップ」「ホームラン」「電話」など何だか幅広い事物に使用されていて、そこに規則性などを見出すのは難しそうです。しかし、「細長い形状のもの」に「本」が適用できるという見方はどうでしょう。「鉛筆」「電車」「チューリップ」は大きさはそれぞれ違いますが、どれも「細長い」と言えます。では、「ホームラン」はどうでしょうか。バットが細長いからでしょうか。わたしはそうは考えません。ホームランを描く球の「軌道」の細長さを指しているのではないでしょうか。そういう観点でいうと、「電話（をかけること）」もしっくりきませんか。相手と自分は「細長い線」でつながれていると見立てることが可能です。

この「助数詞」、上手にまとめられている教材は意外と見当たりません。

わたしがおすすめするのは、インターネットで閲覧できる『大辞林』（三省堂）の特別ページです（http://daijirin.dual-d.net/extra/jyosusi.html）。わが子の助数詞に関する質問の回答に詰まってしまったら、このページを参考にしてください。

入試問題の解答（186ページ）

1 カ 2 オ 3 サ 4 ス 5 イ

THEME 17

類義語

似ていることばの「違い」にこそ注目

類義語は「イコール」のことばではない

問　「『こする』『する』『さする』『なでる』などの語釈を再検討する」ために次のような表を作りました。

この表の中の「 A 」〜「 C 」、 D 〜 F に入ることばとしてもっとも適切なものを次の中から選び、それぞれ記号で答えなさい。

ア　する　　イ　さする　　ウ　なでる

エ　風が頬を――　　オ　転んで膝を地面に――　　カ　体調の悪い人の背中を――

言葉	どのように使われるか	比較・例示
「**こする**」	・繰り返しふれあわせる場合がある。 ・押し当てたまま動かす場合がある。	【比較】 【例示】↓背中をごしごし――
「　A　」	・痛みや寒さをやわらげるために行う。 ・手のひらを使う。 ・必ずしも軽いわけではなく、力をこめて行う場合もある。 ・いたわる気持ちがある。	【比較】 「**こする**」よりも「　C　」に近い。 【例示】↓ D
「　B　」	・強い力で一度ふれあわせる場合がある。 ・何度もふれあわせる場合がある。 ・固いものに押《お》しつけて傷を負う場合がある。	【比較】 「**こする**」よりも、ふれあわせた物の一方が損傷・減少している。 【例示】↓ E
「　C　」	・指先や毛を使用した道具などを使うこともあるが、主に手のひらを使う。 ・ふれる対象の形をなぞるように行う。	【比較】 一度あるいは数度動かす程度で、「　A　」「**こする**」ほどの反復感はない。 【例示】↓ F

2023年度・香蘭女学校中等科（第1回）▼答えはP198

なかなか面白い問題ですね。「こする」「する」「さする」「なでる」なんてどれも似たりよったりで違いはないと一見考えてしまいがちですが、実はそうではないのです。わたしたち大人はこれらの表現を無意識のうちに使い分けています。文章などを読んでいるときに「あれ？　この表現って○○と同じ意味だな」とふと思ったら、辞書を引いて確認する習慣をつけると新たな発見があるでしょう。たとえば、「どことなく」と「何となく」って意味はまったく同じなのだろうか……。そんなことを思ったらわが子にその疑問を問いかけてみてください。一緒に辞書を引いて調べ、どういう場面でそれぞれの表現を適用すべきかを話し合ってもよいでしょう。わが子がことばに対するアンテナを張るきっかけになるかもしれません。

さて、「類義語」に関する問題は中学入試でよく登場します。たとえば、2021年度・星野学園中学校（理数選抜入試第2回）で出されたものですが、次の（　）に入る漢字1字は何でしょう。上の熟語と下の熟語は類義語になり、語群からあてはまるものを選びます。

未来　―（　）来

〈語群〉カン　キョク　ゲン　シャク　シュウ　ショ　ショウ　セイ

答えは「将」ですね。問題としては難しくないでしょう。しかし、ここで気を付けなければならないことは、「類義語」の「類」とは「似ている」という意味であり、類義語同士は決して同じ意味になるとは限らないということです。たとえば、この「未来」「将来」は類義語ですが、「将来の夢は弁護士になることだ」とはいうものの、「未来の夢は弁護士になることだ」とは言いません。

他にも、類義語とされる「心配」と「不安」について見ていきましょう。

「明日の歯医者の治療が痛くないかどうかが心配だ」とはいうものの、「明日の歯医者の治療が痛くないかどうかが不安だ」とは（意味は通じるものの）あまり言わないのではないでしょうか。そうなると、「心配」と「不安」にも意味に微妙なズレが生じていることが分かります。

「心配」は心を悩ませるその対象が比較的「はっきりしている」場合に用いられ、「不安」は心を悩ませるその対象が比較的「ぼんやりとしている」場合に用いられるといわれています。「ぼくの将来が何となく心配だ」はちょっとおかしいですよね。この場合は、「ぼくの将来が何となく不安だ」としたほうがぴったりくるのはこういう理由です。

名詞だけではなく、動詞、形容詞、形容動詞、副詞、連体詞、接続詞、感動詞にも「類義語」は存在します。

国立国語研究所（編）『日本語の大疑問』（幻冬舎新書）には、「思う」と「考える」についての考察があり、大変に興味深いです。

この本によると、「思う」は「〈情緒的・感情的〉〈一時的〉〈自分の意志でコントロールしにくい〉」場合に用いられ、「考える」は「〈論理的・理性的〉〈継続的〉〈自分の意志でコントロールできる〉」場合に使われるとしています。

たとえば、「故郷を思う」とは言えるものの、「故郷を考える」は何だか不自然ですし、「少子高齢化対策を考える」とは言うものの、「少子高齢化対策を思う」とは言いません。先に説明した根拠を見ると、このことがよく理解できます。

さて、最後に中学入試でよく出題される基本的な類義語の組み合わせを一覧化しておきましょう。互いに同じ意味なのか、あるいは、ちょっとした意味のズレがあるのか……。どういう使い分けがなされるのかを考えてもよいでしょう。

中学入試頻出・基本的な「類義語」一覧

- 音信―消息
- 特別―例外
- 意外―案外
- 永遠―永久
- 用意―準備
- 手紙―書面
- 立身―出世
- 信用―信頼
- 欠点―短所
- 無事―安全
- 心配―不安
- 材料―原料
- 親切―厚意
- 納得―承知
- 内容―実質
- 広告―宣伝
- 進歩―向上
- 方法―手段
- 決意―決心
- 去年―昨年
- 完全―無欠
- 未来―将来
- 任務―使命
- 原因―理由
- 天然―自然
- 簡単―単純
- 長所―美点
- 同意―賛成
- 改良―改善
- 感情―心情
- 関心―興味
- 返事―応答

入試問題の解答（193ページ）

「A」イ、「B」ア、「C」ウ、D カ、E オ、F エ

THEME 18

漢熟語

ことばと向き合い養う読解力

分からない漢熟語も分解すれば意味がつかめる

問 次の❶〜❺の各組の中には、構成のしかたが違うものが、それぞれ一つずつ含まれています。その熟語の番号を答えなさい。

❶ 1 創造　2 得失　3 省略　4 勤務

❷ 1 出発　2 加熱　3 帰国　4 着陸

❸ 1 自動　2 暗示　3 長考　4 国連

❹ 1 未開　2 不明　3 後味　4 無礼

❺ 1 整然　2 劇的　3 公立　4 酸性

2023年度・東京都市大学付属中学校（第1回）▼答えはP202

皆さんは「瞬殺」ということばの意味は分かるでしょうか。
このことばを用いた例文を見てみましょう。

例 先生から難問だと言われたけれど、算数の得意なぼくはそれを瞬殺した。

もう分かりますよね。右の例文の「瞬殺」は、「すぐに正解に辿《たど》り着ける」ことを言い表しています。

でも、この「瞬殺」という漢熟語、実は掲載されている辞書は『大辞泉第二版』（小学館）一冊だけなのです。ほかの辞書ではまだ正式な語と認められていないのでしょう。
そんな「瞬殺」であっても、なぜ皆さんは意味がすぐに理解できたのでしょうか。
それは「瞬殺」という音読みを脳内で「瞬《また》く間《ま》に殺《ころ》す」と訓読みで変換しているからですね。上の漢字が下の漢字を修飾しているタイプの熟語です。

さて、東京都市大学付属中学校の問題を取り上げましたが、この手の熟語の組み立て（構成）の種類を知っておけば、見知らぬ漢熟語と出あったとしても、それらを分解し、訓読みに変換することで瞬時にその意味を理解できる術を身につけられるのです。

それでは、熟語の組み立て（構成）の種類を列挙しましょう。

❶ 似た意味を組み合わせた熟語
例 海洋　救助　困難　希望　減少　など

❷ 反対や対立する意味同士の組み立ての熟語
例 左右　大小　高低　天地　など

❸ 上から下に読む（上の漢字が下の漢字を修飾する）熟語
例 高山……「高い山」、外国……「外の国」、弱点……「弱い点」　など

❹ 上の漢字が「～が」（主語）、下の漢字が「～する／～だ」（述語）を表す熟語。
例 頭痛……「頭が痛い」、国営……「国が営む」、人造……「人が造る」　など

❺ 下から上に読む熟語
例 読書……「書（＝本）を読む」、登山……「山に登る」　など

❻ 上の漢字が下の漢字を打ち消す（否定する）熟語
↓「不」「無」「未」「非」 例 不安、無言、未来、非行 など

❼ 下の漢字が上の漢字に対して特定の意味をそえる熟語
↓「的」「性」「然」「化」 例 私的、天性、必然、美化 など

❽ 省略されている熟語
例 特急↓「特別急行」、国連↓「国際連合」、農協↓「農業協同組合」 など

これらの構成パターンを頭に入れて、難しい熟語の意味を類推する作業をおこなうのは文章理解にも大いに役立ちます。

入試問題の解答（199ページ）

❶ 2
❷ 1
❸ 4
❹ 3
❺ 3

column4

「書き順」の強制は時代遅れ？

「ウチの子、書き順がおかしいのが気になります」

これまで保護者から何度かこの手の相談を受けたことがあります。

でも、子どもたちだけではなく、大人でも書き順を不得手にしている方が多いのではないでしょうか。

それでは、皆さんがどれだけ「正しい書き順（筆順）」を身につけているかを試してみましょう。次に挙げる漢字を書き順通りに一画ずつ増やしていきながら空欄を埋めていってください。すべて小学生が学ぶ基本的な漢字です。

問

① 区

② 世

③ 比

④ 成

⑤ 右

⑥ 左

⑦ 何

⑧ 希

⑨ 必

⑩ 飛

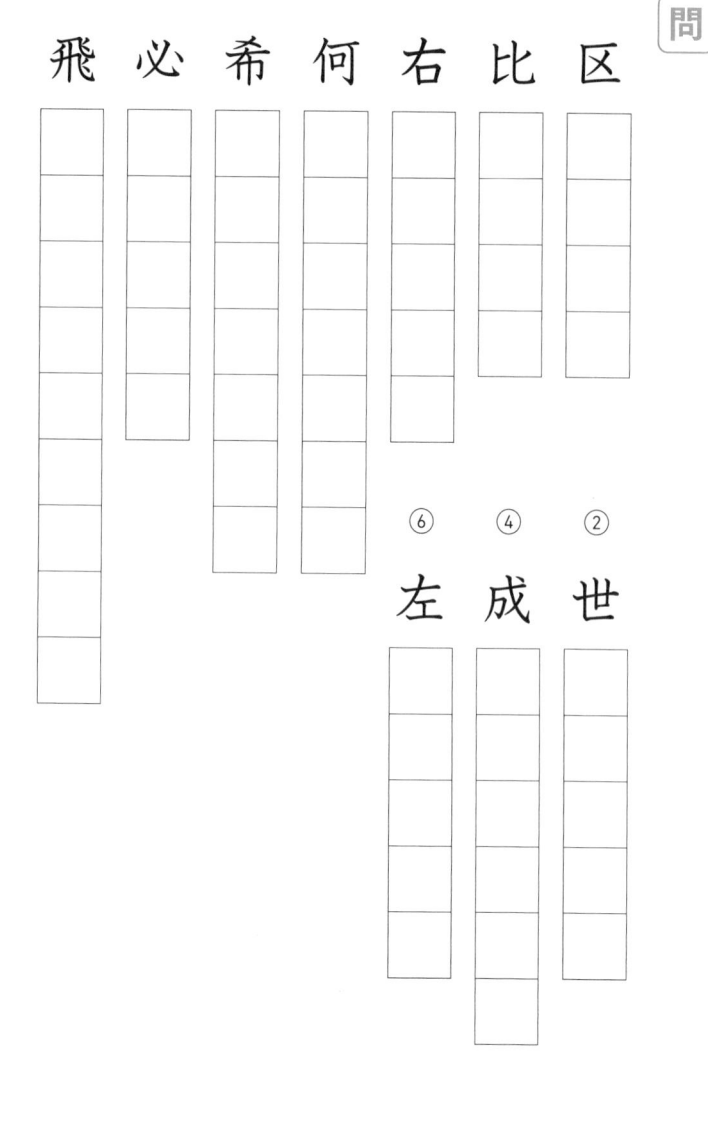

いかがでしたか。「こんなの簡単だよ」という方がいる一方で、頭を悩ませてしまった方もいるだろうと思います。

それでは、「『正しい』とされている書き順（筆順）」を示します。

〈「正しい」とされている書き順（筆順）〉

⑨ 必

⑩ 飛

どれくらい合っていましたか。「え？　この漢字ってこんな順序で書かなければならないんだ」と驚かれた方がいるかもしれませんね。なお、小学生の子どもたちを指導していると、⑤・⑧・⑨・⑩で間違えてしまうケースが目立ちます。

ところで、中学入試の国語では「書き順（筆順）」がどれほど出題されるのでしょうか。結論から申し上げると、「ほぼ出題されない」のです。正確に言えば、かつてはよく出題されていた書き順（筆順）が近年ほとんど見られなくなっています。

わたしはこの傾向を大変喜ばしいことと考えています。

お気づきの方がすでにいらっしゃるでしょうが、先ほどの問題の答えにあたる部分をわたしは「正解」と明記せず、『正しい』とされている書き順（筆順）」と記載しています。どうしてでしょうか？　「『正しい』書き順（筆順）」などというのは実はこの世に存在していないからなのです。

現在『正しい』とされている書き順（筆順）は、1958年（昭和33）年に当時の文部省から出された「筆順指導の手びき」に盛り込まれています。これが書き順（筆順）の基準になっているのですね。書家の意見を参考にしたと言われています。しかし、この手引きの中には「本書に示される筆順は、学習指導上に混乱を来《きた》さないようにとの配慮から定められたものであって、そのことは、ここに取りあげなかった筆順についても、これを誤りとするものでもなく、また否定しようとするものでもない」と書かれているのです。びっくりですね。

さらに、いまの子どもたちが使用している教科書には「漢字の筆順は、原則として一般に通用している常識的なものを記載している」といった旨のことが書かれています。

先ほど、「筆順指導の手びき」に書家の意見が反映されていると申し上げましたが、楷書、行書、草書では、字形も筆順も変化するものですし、書道の流派によって筆順が異なる場合があるのです。

繰り返しますが、絶対的に『正しい』書き順（筆順）など存在しないのです。

では、わが子の書き順（筆順）を親がチェックする必要がないかというと、それは違います。例外はいくつもあるでしょうが、『正しい』とされている書き順（筆順）」を守って字を書いたほうが形として綺麗《きれい》な仕上がりになることが多いとわたしは考えます。一方、わが子の書く漢字の形が整っているのであれば、多少の「オリジナル」の書き順（筆順）は認めてやってもよい気がします。

付言しますと、日本の小学校は近年国際化が進んでいます。

わが子の同級生に中国籍の子がいませんか。ひょっとしたら、本書を手に取ってくださっている保護者が中国のご出身であることも十分考えられます。

日本・中国・台湾などは漢字文化圏ですが、実は国によって書き順（筆順）が異なるケースもあるのです。

たとえば、先ほどの問題に登場した「必」という漢字ですが、日本では「ソ」から書き始めるのに対して、中国では「心」から書き始めるのが一般的です。

わたしが中学入試で書き順（筆順）が出題されないのは喜ばしいと申し上げたのは、こういう理由もあるのです。

第5章

文脈を読む力

THEME 19

読解①

すべてを知ることはできないからこそ

子どもたちが見たことも経験したこともないことば

問 次の文章を読んで、あとの問いに答えなさい。

兄や嫂《あによめ》たちは、しかしながらその後そう居悪《いにく》がりもせず、また吾々《われわれ》も厭《いや》がりもしないで、十日余りいた後に、便船の都合で帰っていった。そうして長く居てみれば、矢っ張り名残惜しかった。

が、あの小葛藤の紀念*なる、金魚玉は長く私の家の軒下に残った。私はその□□

□□といったような、四角い位肥った腹に、鰭《ひれ》を豊かに付けた豪奢《ごうしゃ》なのと、殺しても惜しくない程痩《や》せて清貧に甘んじているのと、二種類混《まざ》った金魚のいる金魚玉を眺めては、時々例の微苦笑を禁じ得なかった。

それは夏中、私の書き物に疲れた眼を、赤い動揺で慰めてくれた。「緋鹿子《ひがのこ》の手から沈めし金魚かな。」……「金魚玉二階の君に悲しけり。」……長く忘れていた、そんな昔憶《おぼ》えの句を思い出したりした。

＊紀念……「記念」のこと。

問　本文中の□□□□に入る四字熟語として最も適当なものを次の中から選び、記号で答えなさい。

ア　呉越同舟　　イ　有象無象　　ウ　弱肉強食　　エ　玉石混淆　　オ　森羅万象

2020年度・攻玉社中学校（第１回）▼答えはP215

この文章を見て驚かれた方が多いのではありませんか。一体、いつの時代の文章だろう？　そう思われたでしょう。これは１９２４年（大正13年）に出版された久米正雄の『金魚』

という作品です。**最近の中学入試ではこのような古い文学作品を題材にした読解問題が出題されることが増えている**ような気がします。

たとえば、2023年度の首都圏中学入試で出題された国語の文章の出典を確認すると、白百合学園中学校では太宰治《だざいおさむ》の『角力《すもう》』、渋谷教育学園幕張中学校（2次）では徳田秋声《とくだしゅうせい》『今、今』、フェリス女学院では井上靖《いのうえやすし》の『晩夏』といった古い作品が取り上げられています。冒頭で紹介した攻玉社はまさにこの手の作品の出題を好む学校で、過去には徳田秋声『初奉公』（2019年度・第1回）、森鷗外《もりおうがい》『佐橋甚五郎《さはしじんごろう》』（2015年度・第1回）、室生犀星《むろうさいせい》『禁断の魚』（2014年度・第1回）、織田作之助《おださくのすけ》『人情噺《にんじょうばなし》』（2013年度・第1回）を題材にした読解問題が出されました。

そしてこの『金魚』は、入試問題で出題された文章のほんの一部であるにもかかわらず、子どもたちにとって、いや大人にとっても馴染《なじ》みのない表現がたくさん登場します。「嫂」「居悪がる」「厭がる」「小葛藤」「軒下」「豪奢」「清貧」「甘んじる」「金魚玉」……。**これらの見慣れない表現は前後のコンテクスト（文脈）から推測するしかありません。**

たとえば、「金魚玉」とは「金魚のいる場所」なのですから、「金魚鉢」を指すことが分かるでしょう。その金魚鉢の中に、見た目が華やかな金魚とみすぼらしい金魚が泳いでいるのですね。そう読み取れると□□□□にあてはまる四字熟語が分かるでしょう。

さて、子どもたちにとって馴染みのないことばといえば、言語知識問題として2019年度（A日程）の高輪中学校が面白い問題を出題しました。次のことわざの□に入ることばの意味（実際にどのようなものなのか）を選ばせる問題です。

❶ 針の□。　❷ 猫に□。
❸ □に腕押し。　❹ からすの□。

子どもたちにとっては慣用句やことわざでしか見かけることのない表現がたくさんあるでしょうね。❶「針のむしろ」とは責められてつらい立場になるという意味です。「むしろ」とは敷物のことですね。選択肢の表現は「わらで編《あ》んだ草履状《ぞうりじょう》の履《は》き物」。❷「猫に小判」とは、貴重なものの価値が分からないという意味です。「小判」は昔のお金のことで、「江戸時代の楕円形《だえんけい》の金貨」です。続いて、❸の「のれんに腕押し」は手応えがないという意味を表します。「暖簾《のれん》」とはお店の入口に上から吊るすようにかけてある布のことです。辞書には「軒先や店の出入口にかけたり、室内の仕切りなどに用いる布」とありました。最後の❹「からすの行水」は簡単に入浴を済ませることです。「行水」には「たらいに湯や水を入れ、その中で体を洗い流すこと」という意味があります。

さて、わたしたち大人が考えている以上に「異なる世界」を子どもたちは生きています。

先日、港区にある明治時代に創立された女子校・普連土学園の先生からこんな興味深い話を聞きました。下の画像は普連土学園の高校校舎2階にある「ダイヤル式電話機」です。わたしたち大人にとっては大変懐かしいですね。これ、実はまだ「現役」なのです。

しかし、この電話機を使おうとする在校生たちから「使い方がまったく分からない」という声が続出するそうです。わたしたち親世代が子ども時分に「電話交換手」を呼び出すような作業になるのかもしれません。

これは「わたしたち大人の子ども時代とは違う風景を見ている」ことが分かる好例でしょう。このことは、電話機のエピソードだけでも十分にお分かりになるでしょう。

普連土学園内のダイヤル式電話機

さらに、いまの子どもたちにとっては「前時代的」なものを鑑賞する機会が減っています。わたしたちが子どもの時代には、テレビを付ければ連日のように時代劇が放映されていました。『水戸黄門』であったり、『遠山の金さん』であったり……。でも、いまの地上波のテレビではこの手の時代劇は放映されていません。かつてはそこで目にしてごく自然に身につけた古いことば。そういうものがいまの子どもたちの視界に入りづらくなっているのでしょうね。

慣用句やことわざといったものは古くから受け継がれてきた表現、教訓です。これらに含まれている馴染みのないことばの意味を調べてみるのも古い文学作品を読むうえで大いに役立つのだと考えています。

入試問題の解答（210ページ）

エ

THEME 20

読解②

語彙力があるから思考できる

前後のコンテクストから難語の意味を瞬時に判断しよう

次の文章は、朝日新聞「天声人語」（二〇二二年六月十七日付）である。この文章を読んで、後の問いに答えなさい。

日本文学者のドナルド・キーンさんが漢字と出会ったのは16歳《さい》のこと。アルファベットとは異なる A の世界に引きこまれた。好きだったのは画数の多い字。「叡智《えいち》」や「憂鬱《ゆううつ》」を書けた日は爽快だった▼神奈川近代文学館で開催中の「ドナルド・キーン展」を見た。米軍将校として派遣《けん》された中国・青島《チンタオ》で使った名刺には「金唐納」(注1)の当て字。日本で著名する際も、姓《せい》キーンを多彩《さい》に書きわけた。鬼院、奇韻、希飲、祈因、嬉胤……▼右手に銃《じゅう》、左わきで和英辞典を抱《かか》えた写真もある。大戦中、アリューシャン列島に上陸し、日本兵が手投げ弾《だん》を胸にたたきつけて玉砕《ぎょくさい》する姿に衝撃《しょうげき》を受ける。一方で、日本兵の手紙や日記を解読し、辞世の歌や遺書の格調《かくちょう》に驚く。のちに紀《きの》貫之《つらゆき》や芭蕉《ばしょう》らの日記を読み込《こ》む研究につながっていった▼ゆかりの品々を見て思い出すのは、米コロンビア大学で一度だけ傍聴《ぼうちょう》したキーン教授のゼミのこと。「あだし心とは浮気《うわ》心」「比翼連理《ひよくれんり》は男女の深い契り《ちぎ》(注2)」日英両語を駆《く》使して解説していく。話題は古今和歌集から楊貴妃《ようきひ》、三島由紀夫へ自在に飛ぶ。驚嘆《きょうたん》の2時間だった▼傍聴したのは2011年3月、東日本大震《しん》災の直後。「若いころ『おくの細道』をたどる旅をして、東北には思いがある。被《ひ》災地が心配」。退職後は日本に永住したいと語り、その言葉通り日本国籍《せき》を得て、晩年を東京で暮らした▼あすで生誕100年。たぐいまれな才能が、「叡智」や「憂鬱」と出会った僥倖《ぎょうこう》(注3)を改めてかみしめる。

（注1）「金唐納」…ドナルド・キーンの中国語表記。
（注2）「契り」…生まれる前からの約束。（注3）「僥倖」…予想もしなかったような幸運。

2023年度・慶應義塾中等部

２０２３年に実施された慶應義塾中等部の国語入試問題の「大問三」で２０２２年６月17日付の朝日新聞「天声人語」の文章が素材となりました。

アメリカ出身の日本文学者・文芸評論家として知られるドナルド・キーン生誕１００年の前日に、彼のエピソードをぎゅっとまとめて紹介しています。なお、キーンさんが２０１１年の東日本大震災をきっかけに日本国籍を取得し、日本に永住する決意をしたことは有名なエピソードです。そして、２０１９年２月に東京で96年の生涯の幕を閉じました。

さて、「天声人語」とは日々新聞を購読している大人の読者に向けた文章で、朝日新聞内で論説委員や編集委員を務めた経験のある「一流の文筆家」が執筆しています。１回分の総字数は約６００字と短く、そのためか、抽象表現が多用される傾向にあり、また、断定型の文になるのが特徴的です。

さて、これを小学校６年生が読み解かねばならないのかと驚く人も多いでしょう。

注釈は３単語（「金唐納」「契り」「僥倖」）のみであり、文章に目を向けると、「爽快」「玉砕」「辞世の歌」「格調」「ゆかり」「驚嘆」「たぐいまれ」……小学生にとっては難しいことばが並んでいます。**このような大人向けの文章を理解するためには、語彙の多寡が鍵を握るだけではなく、分からないことばであってもその前後のコンテクスト（文脈）から**

その語の意味を瞬時に推測するスキルが必要不可欠です。分からないことばが登場したらすぐに辞書を引くのも手ですが、**ひとまずそのことばの意味を「予想」したうえで、辞書でそれを確認してみる習慣を付ける**とよいでしょう。

それでは、先に挙げたことばの意味をコンテクストから見出す練習をしてみましょう。辞書に頼りがちなお子さんにはこのやり方をレクチャーしてみてください。

爽快

「『叡智』や『憂鬱』を書けた日は爽快だった」とあります。「叡智」「憂鬱」は本文に目を向けると「ドナルド・キーンが好んだ画数の多い漢字」の一例です。画数の多い漢字を書いたときに抱いた気持ちが「爽快」なのです。「快い」という漢字をあてていることから、ここでは「さわやかで気分が良い」という意味で使われていることが分かります。

玉砕

日本兵が手投げ弾を自ら胸にたたきつければ、当然死んでしまいます。つまり、自死を指して「玉砕」といっているのですね。辞書には「玉が美しく砕けるように、名誉のためにいさぎよく死ぬ」といった意味が記述されています。

辞世の歌

本文を読んで、「辞世の歌」は「遺書」と同列関係にあることに着目しましょう。つまり、死ぬ間際に詠む歌（和歌）なのですね。「辞世」という熟語のそれぞれの漢字の意味を考えてみると、「この世で生きることを辞める」すなわち、「この世に別れを告げること」になります。

格調

辞世の歌や遺書の「格調」に驚いたからこそ、ドナルド・キーンは古典を読み込む研究を始めたとあります。研究のきっかけになったのですから、「格調に対する驚き」とはプラスの意味で心を大きく揺さぶられたということです。「格調」の「格」は「品格」などで用いられる漢字です。ここからも「格調」とは「その品格の調子」を言い表しているといえるのです。

ゆかり

「ゆかりの品々」は「ドナルド・キーン展」にて展示されていたものであり、それを見た筆者は自身の傍聴したドナルド・キーンのゼミを懐かしく思い出しているのです。ここから「ゆかり」とは「(その人物に) 関係している」といった意味であることが推測できます。

驚嘆

日英両語を駆使して自在に話題を変えていくドナルド・キーンの2時間の講義に筆者はいたく感動していたのですね。「驚嘆」とは「ひどく感心すること」を表します。

たぐいまれ

本文での「たぐいまれな才能」とは「ずば抜けた好奇心を持つドナルド・キーンの才能」を指しています。「たぐい」は「類」、「まれ」は「稀」という漢字をあてることができます。ここから「類を見ることは稀である」、つまり、「めったにないこと」を意味すると判断できます。

いかがでしたか。前後のコンテクストをヒントにして瞬時にそのことばの意味を推測するとは具体的にこういう作業を脳内で処理することなのです。

慶應義塾中等部の入試問題ではこの文章に対して、六つの問いがありました。問一～五が知識問題、問六が読解問題という構成になっています。語彙力を駆使して解くタイプの問一を参照してみましょう。

問一 **A** にあてはまる言葉としてもっともふさわしいものを、次の1～6から選び番号で答えなさい。

1 ヒエログリフ　2 オノマトペ　3 絵文字　4 表意文字　5 和語
6 アラビア文字

▼答えはP232

文章中の **A** には「叡智」や「憂鬱」といった漢字を指すものが入ります。「和語」は「大和《やまと》言葉」のことでいわゆる「訓読み」に相当するので、解答としてはふさわしくありません。漢字そのものが意味を背負っている、すなわち、**4**「表意文字」が正解となります。
なお、「ヒエログリフ」は「古代エジプトの象形文字」、「オノマトペ」は「擬音語・擬態語・擬情語」を指しています。

天声人語には筆者の主張や思いが短い文章の中に凝縮されています。**子どもたちにとっては少々難解な内容が多いでしょうが、先に説明した語彙を獲得するトレーニング教材として活用できるものです。**

ここでオリジナル問題を出したいと思います。右で出題された「叡智」「憂鬱」は、文章全体でもカギとなっており、最後の一文で比喩として使われています。この比喩表現を具体化するものです。親子でチャレンジしてみましょう。

問 この文章の最後の一文の中にある「たぐいまれな才能が、『叡智』や『憂鬱』と出会った僥倖」は、どのようなことを指していますか。80字以内で答えなさい。

さあ、できましたか。「たぐいまれな才能」は「ドナルド・キーン」を指すと前述しました。また、「僥倖」とは注釈にあるように「予想もしなかったような幸運」を意味します。この「僥倖」を抱くのはドナルド・キーンではなく、このような傑出した人物と出会ったわたしたち日本に住む人々なのです。

解答例を次に示してみましょう。

〈記述解答例（80字）〉
ドナルド・キーンさんが日本の漢字と出会ったのをきっかけに、日本の文学作品研究に多大な功績を残したことと、日本を深く愛する彼の姿がわたしたちの記憶に刻まれたこと。

さてここまで、慶応義塾中等部の問題を使用して、前後のコンテクストから難しいことばの意味を推し量る術について説明しました。

長い文章だけでなく、一文であっても、難しいことばが登場したら、限られたことばをヒントにその意味を推測することは可能です。それに近い漢字書き取りの問題が2018年度の栄東中学校（A日程）で出されました。次のような一文内の（　）にあてはまる言葉を語群のカタカナから選んで漢字に直す問題です。

例　明確な（　）を持って家を出た。

実際には10問あるので、語群は以下のように10のことばが並んでいます。

キュウソク　カゲン　エンチョウ　キョウド　イロジロ　ジュクチ
ホキュウ　ヨクジョウ　メイサン　イト

このような問題で、語群に目を向けてカタカナを漢字に直してから例文を読む、というやり方はよろしくありません。たとえば、「キュウソク」であれば「急速」「休息」「球速」などいくつもの同音異義語があるのですから。そうではなく、例文の中のことばをヒントにして意味を予想し、それに相当する熟語を考えることが必要なのです。

この文では、（　）を「明確な」が修飾しています。「明確な」は「はっきりとした」という意味があります。それと結ぶことのできることばを考えます。「考え」とか「意思」といった表現が思い浮かびませんか？　そこで解答が「イト」＝「意図」になることを突き止めるのです。

慶応義塾中等部の問題では、前後のコンテクストからことばの意味を突き止める方法、そして、栄東の問題では一文の中の限られたことばをヒントにして空欄に入る熟語を考える手法について簡単に紹介しました。

せっかくなので、選択肢に出てきた「和語」についても掘り下げてみましょう。いろいろな問題を解くうえでも知っておくとお得な、意味を推測する術を3点のポイントにまとめました。題材に使う問題は、2012年度の山脇学園中学校（B日程）で出題されたものです。

問二 次の❶～❺の〰〰線の意味を後のア～オから選び、記号で答えなさい。また、その——線のカタカナを漢字に直しなさい。

❶ やみくもに突っ走る。
❷ こともなげにやってのける。
❸ にわかに情勢が好転する。
❹ たんねんに仕上げる。
❺ したたかに生きていきたい。

ア サイシンの注意を払うこと。
イ キュウゲキに変化するさま。
ウ ヘイゼンとしている様子。
エ 思慮フンベツがない様子。
オ 強くてヨウイにはくじけないこと。

わたしたちの使っている日本語は「和語」と「漢語」、そして「外来語」に分けることができます。「和語」とは「大和言葉」とも呼ばれ、いわゆる「訓読み」で成り立つことばです。一方、「漢語」とは「音読み」のことばです。上記の問題の❶～❺の〰〰はすべて「和語」であり、ア～オの——は「漢語」です。

国語の入試問題では、「和語」の意味の理解を試すものがよく出題されます。**最近の子どもたちの使用することばは「和語」より「漢語」の占める割合が高くなっているとも言わ**

れています。中学校の国語の先生方はこの点を気にしているのかもしれません。

さて、入試問題で突然知らない「和語」に出あったらどうしましょう。

その対処法を3つにしぼってお伝えします。わが子に伝えてやってください。

まず1つ目は、その「和語」に知っている漢字があてられないか考えてみることです。❶の「やみくもに」という表現から「闇」と「雲」という漢字が想起できるのではないでしょうか。ここから意味を考えるのです。「闇」も「雲」も眼前の光景を遮《さえぎ》ってしまうものです。つまり、「何も見えない状態」「何も考えられない状態」を表すのですね。❷の「こともなげに」は「事も無げに」という漢字をあてることができます。ここから「何事もなかったかのように」という意味を推測することができます。

2つ目のポイントはその「和語」と連なる表現を思い浮かべることです。❸の「にわかに」ということばから、たとえば「にわか雨」という表現が想起できますね。「にわか雨」とは「突然に降る雨」を指します。つまり、「にわかに」は「突然に」という意味を持つことが分かります。

そして、3つ目のポイントです。それはその「和語」が修飾している部分に目を留めることです。先ほどの栄東の問題のやり方と同じ要領です。❺の「したたかに」は「生きていきたい」を修飾しています。よって、「どのように」生きたいのか、その意味を考えれば、正解を選択することが容易になります。

この山脇学園の問題の解答を以下に示します。❶エ・分別、❷ウ・平然、❸イ・急激、❹ア・細心、❺オ・容易、となります。

話を冒頭の読解問題に戻します。慶應義塾中等部で「天声人語」という大人向けのコラムが出題されたと述べましたが、いまや中学入試の出典となる文章は大人向けのものがその大半を占めるのです。

2023年度の「難関校」と形容される首都圏の代表的な中学校でどのような作品が国語入試問題の素材になったのかを見ていきましょう。「え？　こんなレベルの高い文章を小学校6年生が読み解かないといけないのか」と驚く方が多いことでしょう。

2023年度・主要校の国語入試問題　出典一覧

学校名	種別	大問	ジャンル	筆者	出典	出版社
麻布	男子校		物語文	寺地はるな	『タイムマシンに乗れないぼくたち』	文藝春秋
開成	男子校	1	論説文	隈研吾	『ひとの住処　1964ー2020』（新潮新書）	新潮社
		2	物語文	柚木麻子	『終点のあの子』	文藝春秋
武蔵	男子校		論説文	中島岳志	『思いがけず利他』	ミシマ社
駒場東邦	男子校		物語文	川和田恵真	『マイスモールランド』	講談社
栄光学園	男子校	1	論説文	松本俊彦	『世界一やさしい依存症入門』	河出書房新社
		2	物語文	ウン・ソホル作、すんみ訳	『5番レーン』	鈴木出版
聖光学院（第1回）	男子校	1	物語文	坂井希久子	『たそがれ大食堂』	双葉社
		2	論説文	古田徹也	『いつもの言葉を哲学する』（朝日新書）	朝日新聞出版
筑波大学附属駒場	男子校	1	論説文	石黒広昭	『学ぶことと遊ぶこと』	ウェブサイト『トイビト』掲載記事
		2	随筆文	岸田奈美	「ガラスのこころ」（『ベスト・エッセイ2022』）	光村図書出版

学校名	種別	大問	ジャンル	筆者	出典	出版社
海城（一般入試①）	男子校	1	物語文	窪美澄	『夜に星を放つ』	文藝春秋
		2	論説文	川添愛	「科学と文学について自分なりに考えてみた」（『季刊アンソロジスト2022年夏季号』）	田畑書店
早稲田（第1回）	男子校	1	物語文	鷺沢萠	『ウェルカム・ホーム！』	新潮社
		2	論説文	日高敏隆	『日高敏隆選集Ⅷ　人間はどういう動物か』	武田ランダムハウスジャパン
桜蔭	女子校	1	論説文	高橋源一郎	『高橋源一郎の飛ぶ教室　はじまりのことば』（岩波新書）	岩波書店
		2	物語文	岩瀬成子	『ひみつの犬』	岩崎書店
女子学院	女子校	1	論説文	野田祥代	『夜、寝る前に読みたい宇宙の話』	草思社
		2	随筆文	ブレイディみかこ	『他者の靴を履く アナーキック・エンパシーのすすめ』	文藝春秋
雙葉	女子校	1	説明文	高橋　晃	「熱帯雨林の妖怪ラフレシア」（『ふしぎの博物誌』 河合雅雄 編／中公新書）	中央公論新社
		2	随筆文	三宮麻由子	「世界への扉　語学と仲良くなりたい人へ」（『わたしの先生』 岩波書店編集部編／岩波ジュニア新書）	岩波書店

フェリス女学院	女子校	1	物語文	井上靖	『晩夏　少年短篇集』	中央公論新社
		2	論説文	竹内悊	『生きるための図書館　一人ひとりのために』（岩波新書）	岩波書店
豊島岡女子学園（第1回）	女子校	1	論説文	外山美樹	『勉強する気はなぜ起こらないのか』（ちくまプリマー新書）	筑摩書房
		2	物語文	瀧羽麻子	『博士の長靴』	ポプラ社
渋谷教育学園幕張（1次）	共学校	1	随筆文	鶴見俊輔	『鶴見俊輔集12　読書回想』	筑摩書房
		2	物語文	津島佑子	「鳥の涙」（『近現代作家集Ⅲ』池澤夏樹＝個人編集 日本文学全集28）	河出書房新社
渋谷教育学園渋谷（第1回）	共学校	1	物語文	額賀澪	『競歩王』	光文社
		2	論説文	古田徹也	『いつもの言葉を哲学する』（朝日新書）	朝日新聞出版

序章の冒頭で2023年度の渋谷教育学園渋谷で出題された論説文（古田徹也『いつもの言葉を哲学する』）の一部を紹介しましたが、中学入試では難解な文章が数多く出題され、小学生の子どもたちにとっては馴染みのないことばにあふれています。加えて、制限時間内に読み解かねばなりません。だからこそ、そのことばの周辺情報を手掛かりに、瞬時にそのことばの「おおよその意味」を判断するスキルが求められるのです。

4 入試問題の解答（222ページ）

column5

「言外の意味」を表すことばに囲まれて

本書の「多義語名詞」「多義語動詞」のところで、そのことばが本来もつ意味、「基本義」について触れました。この基本義から派生していろいろな意味が生まれると説明をしました。

次の例文に目を向けてください。

例　わたしは頭が痛い。

さて、この一文の意味が分かりますか？　「いや、そんなの誰だって分かるでしょう」と思われた方、本当にそうでしょうか。

この一文は二つの解釈が成り立つのです。

頭にズキンズキンと鈍い痛みが走る状態を指して、「頭が痛い」という意味なのか、あるいは、何か厄介《やっかい》な事態が発生して「頭が痛い」、つまり途方に暮れてしまっているのか、そのどちらかがこの一文だけでは判断がつきません。前者の字義通りの意味のことを「デノテーション（言内の意味／リテラルな意味／一次的な意味）」と呼びます。一方、後者のような字義から外れた意味のことを「コノテーション（言外の意味／二次的な意味）」と呼びます。

この「デノテーション」と「コノテーション」を日常的に使い分けてわたしたちはコミュニケーションをとったり、文章を理解したりしていますが、これを取り違えてしまうとコミュニケーションがうまくとれなくなってしまうことがあるのです。

わたしの経験談をお話ししましょう。

序章で自己紹介をしたように、わたしは塾経営をしながら、大学院の博士後期課程で言語学の研究をおこなっています。

昨年の秋、大学院の授業後のことです。時刻はだいたい19時ごろだったでしょうか。大学院で学んでいるベトナム人の留学生とわたしは地下鉄の構内に向かって並んで歩いていました。そして、ちょうど眼前に飲食店が姿を現したタイミングで彼女はわたしに対してこんな一言を放ったのです。

「矢野さんはこれから暇なのですか？」

わたしは彼女が食事に誘っているのだろうと即座に解釈し、「じゃあ、ご飯食べに行きましょうか」と返答をしました。すると、彼女は「え!?　行くわけないじゃないですか!?」と驚いたような顔で拒絶したのです。こちらとしては何だか一方的に振られた気分……。

わたしと彼女の解釈のズレを下に図示してみました。

「暇」の図

形式	「矢野さんはこれから**暇**なのですか」 音声・表記	
意味	言内の意味／リテラルな意味 仕事と仕事の間の、何もしないとき デノテーション	言外の意味 ある物事をするための時間的なゆとり コノテーション

日本語学習者の彼女は「暇」を字義通りの意味「仕事と仕事の間の、何もしないとき」、すなわちデノテーション解釈としてこのことばを用いたのに対して、わたしは「暇」を「ある物事をする（＝一緒に食事をする）ための時間的なゆとり」というコノテーションとしての理解をしたことから、意思疎通が図れなかったのですね。

もう一例を挙げてみましょう。

2022年9月に現役引退を発表した阪神タイガースに所属していた元プロ野球選手の糸井嘉男氏は、かつてオリックス・バファローズに所属していました。

当時、2015年3月27日の日本テレビ系列のテレビ番組『Oha！4 NEWS LIVE』にて、オリックス・バファローズで初めてチームキャプテンを務めることになった糸井選手のインタビューが放映されました。そのときのやり取りはこういうものでした。

報道陣「そのキャプテンマークに重みは感じますか？」

糸井選手「いえ、結構軽い素材なんで……」

報道陣は「キャプテンマーク」という「重み」、糸井選手がキャプテンとしての重責を担うことへの思いを引き出そうと質問を繰り出したのですが、糸井選手はその「重み」を「素材の重み」と解釈して回答しているのです。

すなわち、送り手の意図する「重み」がコノテーション的解釈であるのに対して、受け手（糸井選手）は字義通りのデノテーション的解釈をおこなうというすれ違い、コミュニケーションの不調が生じているのですね（もちろん「ウケ」を狙うための糸井選手流の冗談である可能性もあります）。これを下の通り図で表してみましょう。

「重み」の図

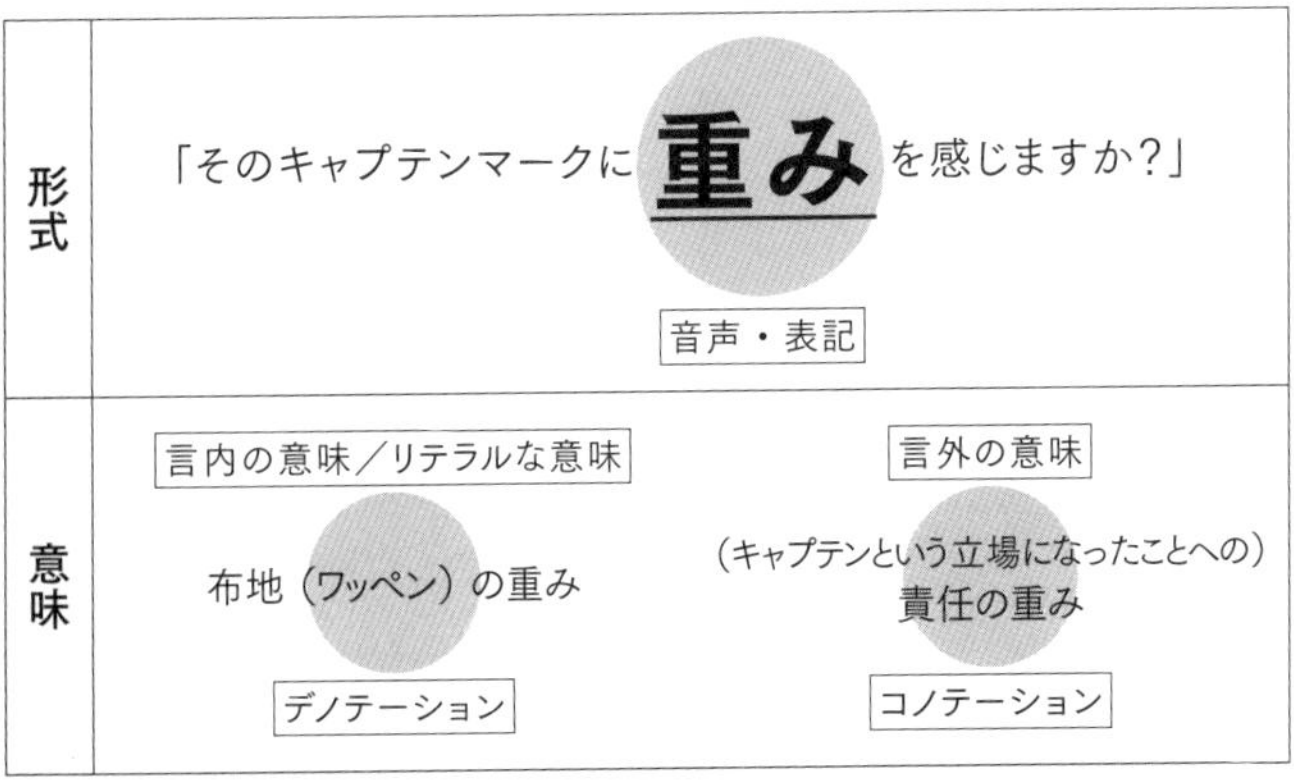

わたしは中学受験に向けた国語指導を通じて、子どもたちとさまざまなやり取りをしていますが、この「デノテーション」と「コノテーション」の取り違えにたびたび遭遇するのです。そして、それが原因でコミュニケーションがうまく図れない子は国語、とりわけ読解問題が苦手傾向にあるように感じられます。

それはそうですよね。結局、読解問題で試されているのは、「ことばの裏側にかくれているもの」、すなわち、コノテーション理解を求めるものばかりなのですから。

「慣用句」「ことわざ」「多義語」「比喩表現」……本書では「言外の意味」の潜むこれらの単元が盛りだくさんです。トレーニングを積んで、「デノテーション」「コノテーション」の使い分けが自在にこなせるスキルをわが子に授けましょう。

終章

ご家庭での
ことば遣いが左右する
子どもの賢さ

指導ポイントのまとめ

本書のタイトルは『わが子に「ヤバい」と言わせない　親の語彙力』です。序章でこのタイトルの真意を申し上げましたが、本書の問題をまずは親が解き、その解説を読んで、そこで得られた知見をわが子に伝えてほしいのです。

本書の内容を振り返りつつ、わが子への指導ポイントをここでまとめてみます。

序章

序章「教養を身につける基礎としての『ことば』」では、中学入試で実際に出題される文章レベルの高さに親が触れることで、わが子の語彙力増強の大切さを知ってほしいと考えました。また、言語知識の諸分野の横断問題に取り組むことで、中学入試で出題される知識問題は語彙獲得の格好の教材になり得ることを実感してもらうことを狙いとしています。そして、言語獲得のメカニズムについて触れ、親から子へことばを伝えるその意義に言及しました。

第1章

第1章「何のために学ぶのか」では、言語知識はただ丸暗記すればよいわけではないこと、そして、言語知識の定着は、子どもたちが社会に出たときにこそ意味があることを説いています。たとえば「四字熟語」ではその構成に着目することで、その意味を推測するスキルを磨いてほしいと考え、「かなづかい・送りがな」を正しく守ることはその人の信頼性に関わることに言及しました。また、「故事成語」「慣用表現」では、その成り立ちに目を留めることで、具体的な場面で応用してほしいということ、「敬語」についてはその分類が近年変化していることに触れるとともに、この分野の学習は大人になるうえで大切であると切言しています。

第2章

第2章「ことばを通して見える世界」では、「ことわざ」「畳語」「心情語」「多義語」など多岐にわたる言語知識を扱いました。言語のひとつひとつにはそれを成り立たせるだけの具体的な背景が存在しています。とりわけ、本書のタイトルにも使用している「ヤバい」の乱用については豊富な心情表現の定着を阻害するものではないかと警鐘を鳴らしています。この章については大人でも難しく感じられたのではないでしょうか。

第3章

第3章「日常の意識で変わる語彙力」では、日常生活の中で親子が具体的にどのような取り組みをおこなうことで語彙力を増強できるのかという点について触れました。たとえば、「ことわざ」の問題を通じて、読解スキルにも直結する「帰納法」について言及したり、勘違いしてしまいやすい熟語や漢字の読みについても取り上げたりしています。

第4章

第4章「ことばと向き合う」では、ことばが事物の捉え方に大きく関わっていることを学びました。「慣用表現」と「比喩」の違い、助数詞にはそれぞれ人間の視点が反映されていること、「類義語」は決して同一ではなく、それぞれ独自性を持つこと、見知らぬ漢熟語の構成を意識することで、瞬時にその意味を推測すること、これらの点について知ってほしいと考え執筆しました。

第5章

第5章「文脈を読む力」では、読解問題を入口にして言語を考えてほしいというのが狙いです。近年の中学入試では明治～昭和時代中期の文学作品が多く出題され、子どもたちには馴染みのないことばがたくさん登場すること、また、大人向けの難解な文章を読んで理解するための具体的な手法について説明しました。子どもたちにとってはなかなか難しく感じる章かもしれませんが、その分中学入試の読解スキル向上に直結するものに仕上げようと努めました。

家で気軽にできる「ことばのブリッジ」

さて、本書で学んだことをわが子に伝えたうえで、さらにご家庭で取り組める「語彙増強トレーニング」はあるのでしょうか。

わたしが塾講師として実践している「ことばのブリッジ」という取り組みを紹介します。ご家庭で手軽にできるものですし、これを継続的におこなえれば、わが子の語彙力増強はもちろんのこと、その副産物として「記述スキル」も身につくというものです。

この「ことばのブリッジ」とはどういうものかを紹介します。

わが子が取り組んでいる読解問題で使用されている文章をチェックして、「このことばは知っていてほしい」と思えるものを探します。そして、それらを見つけることができたら、そのことばを「3語」ごとにまとめて、登場する順に並べていきます。

そのうえで、その「3語」を使用して80〜120字で例文を作成させるのです。その前提として、一語一語のことばの意味を調べて、それぞれの簡単な例文を作成させることが大切です。

80〜120字の例文は1文でなく、2〜3文に分けたほうがまとまりのある読みやすい文章に仕上がる可能性が高いと考えます。文章作成のネタとしては、わが子にとって身近な事柄、興味のある事柄でよいでしょう。

百聞は一見に如《し》かず。実際にわたしが自塾に通う小学校高学年生に取り組んでもらった「ことばのブリッジ」を紹介します。

まずは次の3語の意味をそれぞれ調べて、簡単な例文を添えておきます。

「窺う」「本能」「誇らしい」


「窺う」……①すきまなどから、ひそかにのぞいて見る。②ひそかに様子を探り調べる。③それとなく様子、状況を察する。④ようすを見て、好機の訪れるのを待ち受ける。

(例文) ライバル会社の動向を窺う。

「本能」……生まれつきもっている性質・能力。

(例文) 本能のままに動く。

「誇らしい」……得意で自慢したい気持ちである。

(例文) 生徒会長に選出されたことを誇らしく思う。


この3語の下調べをおこなったうえで、3語を用いた80～120字の例文を作成していきましょう。次に挙げる例文は、実際にわたしが中学受験の指導をしていた子どもたちが書いてくれたものです。

ライオンはえものに狙いを定めて好機を窺い、今だと思った時には全速力で走り出し、えものを一気にとらえる。それは肉食獣としてのライオンの本能だ。誇らしそうにえものを食べている姿は、まさに百獣の王といってもいいだろう。

【小学校6年生・女子】

私はどの学者も研究したことのない海洋生物の本能をつきとめるため長い海の旅に出た。二十四時間絶えずその生物の行動や様子を窺った。日本に帰るとその研究成果が称えられ、ニュースの解説者などをおこなう有名人になった。私はそんな自分を誇らしく思う。

【小学校6年生・女子】

それでは、もう3語追加してみましょう。今度は語の下調べについては省略し、先ほどと同様に、わたしが指導していた子どもたちの「作品」をお見せします。

「こわばる」「にくたらしい」「口ぶり」

中一の姉は猫にひっかかれた傷を消毒しながらその出来事を語っていた。「近づいたら顔がこわばって威嚇してきたの。でも餌をやったら近よってきたから撫でようとしただけなのよ。にくたらしい猫だわ」と大人のような口ぶりで言った。

【小学校6年生・女子】

会社の面接試験でAさんは全くこわばる様子もない口ぶりで話していた。だから、次の番だったわたしは余計に緊張してしまい、面接がうまくいかなかった。わたしはAさんのことをにくたらしく思った。

【小学校6年生・男子】

幼馴染みである彼女と大学卒業後にはじめて会った。久しぶりに会った彼女は以前と雰囲気が変わり、自分の近況を自慢気に話すようになっていた。その口ぶりが何ともにくたらしく、話をしていると自然にわたしの表情がこわばってしまう。もうこんな人と付き合うのはやめよう。

【小学校6年生・女子】

どうでしょうか。なかなか立派な「作品」だと思いませんか。もちろん出来の良いものをセレクトして取り上げていますが、彼ら彼女たちは最初から良い例文が作成できたわけではなく、このトレーニングを始めたころはみんな四苦八苦していました。

例文作成のポイントは、「具体性のある」「第三者（見知らぬ相手）に伝わりやすい」内容に仕上げるということです。

ことばを新たに身につけるのは、参考書や辞書などを引いてその語の意味を覚えるというインプットだけでは不十分です。実際にそれを自らアウトプットするという作業を伴わなければいけないのですね。

250ページにこの「ことばのブリッジ」のフォーマットを載せておきました。コピーをとってご家庭で取り組んでみてください。慣れてくれば、「3語」の例文作成は10分ほどで終えられるようになりますよ。繰り返しますが、このトレーニングは継続しないと意味をなしません。わが子にやらせっぱなしにするのではなく、親である自分も一緒になって例文を作成し、互いに見せ合うことをおすすめします。

セレクトすることばは固有名詞以外であれば、どんなものでも構いません。「慣用句」でも「ことわざ」でも「四字熟語」でも「多義語」や「同音異義語・同訓異字」でも良いですよ。そういう意味で大変に汎用性の高いトレーニング手法だと自負しています。

本書はこれにておしまいです。ここまで問題に挑んで、答え合わせをして、そして、説明を読んでくださった皆様に御礼を申し上げます。

くどいようですが、親が本書で得たものをわが子にぜひ伝えてほしいのです。あたかも自分のオリジナルの解説かのように、本書の説明を「パクって」くださって一向に構いません。

中学受験勉強というと、質・量ともにハードなものが課されます。ときにはわが子が歯を食いしばって、つらい思いを抱えながら勉強しなければならない側面もあるでしょう。でも、何かを学ぶということは「その子の世界を広げる」ことだとわたしは考えています。そういう意味で、学ぶことは本来エキサイティングで、楽しいことなのです。

本書を活用して親子でことばの世界を全身で面白がり、楽しんでくれたらとても嬉《うれ》しいです。そして、わが子の言語感覚が鋭敏になれば、国語の学習のみならず、あらゆる学びで役立つとわたしは確信しています。

ことばしらべ＋ことばのブリッジ

□の文章に登場する３つのことばの読み方・意味を調べましょう。そして、その３つのことばを用いた例文を80〜１２０字（２〜３文）で作成しなさい。

意味調べ

①
（　　）行目
読み方［　　］

②
（　　）行目
読み方［　　］

③
（　　）行目
読み方［　　］

ことばのブリッジ（80〜１２０字）

80

120

Ａ４サイズに拡大コピーしてご使用ください。

おわりに

本書を最後まで読んでくださってありがとうございます。

通読されてどのような感想を抱かれたでしょうか。中学入試の国語で出題される言語知識問題の難しさ、奥深さ、そして面白さが堪能でき、ここから得た知見をわが子にどう伝えていこうか……もしそんなふうに思ってくださったのであれば、著者として本当に嬉しいことです。

さて、本書のタイトルは、ダブルミーニングであることにお気づきになりましたか。

一つは、「ヤバい」「キモい」「ウザい」……そんな常套句ばかりを連呼する子にしないために、まずは親がことばについて学び、それをわが子に伝えていってほしいという思いを込めました。親子でワクワクしながら、本書に取り組んでください。

そして、もう一つは、親の語彙が不足しているがゆえに、わが子に「ヤバい」と思わせてしまうような事態を避けてほしいという意味があるのです。

筆者であるわたしも本書を執筆しながら、ことばの楽しさを改めて味わうことができました。「中学入試」というと、志望校に合格するか否かという側面ばかりにスポットが当たってしまいがちですが、わたしは中学入試問題の数々は、親子の知的好奇心を刺激する好材料が揃っていると考えています。中学入試問題を利用して、学ぶことはとてもエキサイティングであることを知ってほしい……そんなことを考えて、本書を完成させました。

本書の執筆に際し、多くの人たちからご協力やアドバイスを賜りました。

まずは、本書に掲載した入試問題を作成してくださった中高の先生方、面白くてためになる問題にしてくださったこと、本当にありがとうございます。

次に、一緒に働いているスタジオキャンパス・博耕房のスタッフたちや、これまで指導してきた子どもたちに御礼を言いたいと思います。

また、わたしが社会人院生として在籍している法政大学大学院国際日本学インスティテュート日本文学専攻の先生方、とりわけ指導教官の尾谷昌則先生、そして、尾谷教授のゼミでともに学び、研究している学友たちにも感謝いたします。本書執筆のうえで大学院での学びが大いに活用できました。

最後に、原稿執筆が遅々とする中、辛抱強く待ってくださっただけでなく、的確なアドバイスをくださった株式会社ＫＡＤＯＫＡＷＡの編集者である駒木結さんに深謝申し上げます。

なお、本書に不備や誤りが万一認められた場合、その責はすべて筆者にあります。

『わが子に「ヤバい」と言わせない親の語彙力』をきっかけにして、国語を好きになる子どもたちが増えることを心から願っています。

２０２３年７月

中学受験指導スタジオキャンパス代表／国語専科博耕房代表　矢野耕平

参考文献

・今井むつみ・秋田喜美『言語の本質　ことばはどう生まれ、進化したか』（中央公論新社）
・今村久二・中村和弘（著、編）日本国語教育学会（監修）『語彙　ことばを広げる』（東洋館出版社）
・エレン・ウィナー（著）津田塾大学言語文化研究所読解研究グループ（訳）『ことばの裏に隠れているもの　子どもがメタファー・アイロニーに目覚めるとき』（ひつじ書房）
・沖森卓也・中村幸弘（編）『ベネッセ表現・読解国語辞典』（ベネッセコーポレーション）
・開隆堂（編）『高校生の四字熟語』（開隆堂出版）
・国立国語研究所（編）『日本語の大疑問　眠れなくなるほど面白い　ことばの世界』（幻冬舎）
・斎藤純男・田口善久・西村義樹（編）『明解言語学辞典』（三省堂）
・佐藤亮一・小学館辞典編集部（編）徳川宗賢（編、監）『日本方言大辞典』（小学館）
・新村出（編）『広辞苑　第七版』（岩波書店）
・辻幸夫（編）『認知言語学大事典』（朝倉書店）
・中村明『たとえことば辞典　新装版』（東京堂出版）
・日本国語大辞典第二版編集委員会『日本国語大辞典　第二版』（小学館）
・バーバラ・ダンチガー、イブ・スウィーツァー（著）野村益寛ほか（訳）『「比喩」とは何か　認知言語学からのアプローチ』（開拓社）
・フランソワ・レカナティ『ことばの意味とは何か　字義主義からコンテクスト主義へ』（新曜社）
・町田健（編）・加藤重広（著）『日本語語用論のしくみ　シリーズ・日本語のしくみを探る6』（研究社）
・松村明（監修）小学館国語辞典編集部（編）『大辞泉　第二版』（小学館）
・松村弘（監修）庵功雄・高梨信乃・中西久実子・山田敏弘（著）『初級を教える人のための日本語文法ハンドブック』（スリーエーネットワーク）
・籾山洋介『［例解］日本語の多義語研究　認知言語学の視点から』（大修館書店）
・森山卓郎・渋谷勝己（編）『明解日本語学辞典』（三省堂）
・矢野耕平『13歳からの「気もちを伝える言葉」事典　語彙力＆表現力をのばす心情語600』（メイツ出版）
・矢野耕平『ＬＩＮＥで子どもがバカになる　「日本語」大崩壊（講談社＋α新書）』（講談社）
・山口仲美（編）『暮らしのことば　擬音・擬態語辞典』（講談社）
・レイモンド・W・ギブズJr.（著）辻幸夫・井上逸兵（監訳）『比喩と認知　ことばの認知科学』（研究社）

著者プロフィール

矢野耕平

やの・こうへい

1973年東京都生まれ。中学受験指導スタジオキャンパス代表、国語専科博耕房代表。東京の自由が丘と三田に2教場を構える。指導担当教科は国語と社会。中学受験指導歴は今年で29年目を迎える。2児の父。

法政大学大学院人文科学研究科日本文学専攻修士課程修了。現在は社会人大学院生として同大学大学院同研究科国際日本学インスティテュート日本文学専攻博士後期課程に在籍し、認知言語学、語用論などをベースに学齢児童の言語運用能力の研究に取り組んでいる。

著書に『令和の中学受験　保護者のための参考書』（講談社＋α新書／講談社）、『女子御三家　桜蔭・女子学院・雙葉の秘密』（文春新書／文藝春秋）、『13歳からの「気もちを伝える言葉」事典―語彙力＆表現力をのばす心情語600』（メイツ出版）など。

中学受験や中高一貫校、国語教育などをテーマにした連載記事を担当し、これまでにオンラインメディアの記事を300本以上執筆。

わが子《こ》に「ヤバい」と言《い》わせない
親《おや》の語彙力《ごいりょく》

2023年９月29日　初版発行
2023年11月15日　再版発行

著者／矢野《やの》 耕平《こうへい》

発行者／山下 直久

発行／株式会社KADOKAWA
〒102-8177　東京都千代田区富士見2-13-3
電話 0570-002-301（ナビダイヤル）

印刷所／株式会社加藤文明社印刷所
製本所／株式会社加藤文明社印刷所

●お問い合わせ
https://www.kadokawa.co.jp/（「お問い合わせ」へお進みください）
※内容によっては、お答えできない場合があります。
※サポートは日本国内のみとさせていただきます。
※Japanese text only

定価はカバーに表示してあります。

ISBN 978-4-04-606259-8　C0037